WALTER STEIN

Astronomische Navigation

Eine Einführung in die astronomische Navigation
für Sportschiffer und Sternfreunde

6. Auflage

VERLAG KLASING & CO GMBH, BIELEFELD

ISBN 3-87412-019-8

Einbandgestaltung: Siegfried Berning

Copyright by Klasing & Co GmbH, Bielefeld
Printed in Germany 1982 · Alle Rechte vorbehalten
Druck: Kunst- und Werbedruck, Bad Oeynhausen-Eidinghausen

Inhaltsverzeichnis

Einleitung

Nach unserer Sommerreise trafen wir uns zum Erfahrungsaustausch. Unsere Pläne für das nächste Jahr reichten weit, wir möchten von der Küste weg in die Weite des Ozeans vorstoßen. Aber wie navigieren? Die Navigation auf dem Revier und in Sicht der Küste wurde uns „leicht gemacht". Aber in der Weite des Ozeans finden wir keine Landmarken, Feuer oder Funkfeuer, die wir peilen, nach denen wir unseren Schiffsort bestimmen könnten. Auch das Lot wird uns nicht weiterhelfen.

Nur die Gestirne, Sonne, Mond, Planeten und Fixsterne stehen uns zur Verfügung; eine große Aufgabe stellen wir uns da: Aus der Stellung der Gestirne an der Himmelskugel wollen wir den Standort unseres Schiffes auf der Erdkugel berechnen. Und zwar wollen wir nicht nur den Namen des Meeres wissen, das wir befahren, sondern unseren genauen Standort, jedenfalls mindestens auf einige Seemeilen genau.

Sinn und Zweck dieses Buches ist es, die Vorkenntnisse zu vermitteln, die man braucht, um mit Hilfe der Gestirne seinen Standort zu bestimmen. Es führt den Leser in verständlicher Weise zunächst in die Grundlagen der astronomischen Navigation ein, um ihn dann mit den verschiedenen Verfahren der astronomischen Schiffsortbestimmung vertraut zu machen. In jedem Abschnitt werden Aufgaben gerechnet, sowie zur Vertiefung des Wissens Übungsaufgaben gestellt, deren Losungen im Anhang nachzuschlagen sind. Um die Beispiele nachvollziehen und die Übungsaufgaben lösen zu können, braucht der Leser folgende Hilfsmittel:

– das „Nautische Jahrbuch" für das Jahr 1973, von dem Verlag Carl W. Dingwort, Hamburg, einen Nachdruck herausgibt,

– die „Nautischen Tafeln" von Fulst (Arthur Geist Verlag, Bremen), ein Tafelwerk, das außer den logarithmischen und trigonometrischen Tafeln Spezialtafeln für die logarithmische Bestimmung von Höhe und Azimut eines Gestirns und zahlreiche Hilfstafeln, Umrechnungstabellen und magnetische Karten enthält,

– die amerikanischen Höhentafeln H. O. 249, die über die Vertriebsstellen von nautischen Karten und Büchern zu beziehen sind.

Um Sicherheit in der Ortung zu erreichen – und davon hängt schließlich das Schicksal von Schiff und Besatzung ab –, muß man üben und viel beobachten. Wer über die Übungsaufgaben des Buches hinaus noch weitere Beispiele rechnen möchte, dem sei das Buch ,,Nautische Aufgaben'' von Fulst-Meldau empfohlen (Carl W. Dingwort Verlag, Hamburg), für das es ein Heft mit den Lösungen gibt.

Gehen wir nun daran, uns die erforderlichen mathematischen und himmelskundlichen Vorkenntnisse und die Methoden der Ortsbestimmung nach den Gestirnen zu erarbeiten, um sie dann im Sommer zu erproben. Vielleicht macht dem Leser die astronomische Navigation dann soviel Freude, daß er den Führerschein C für Seefahrt des Deutschen Segler-Verbandes erwirbt oder das Sporthochseeschiffer-Zeugnis einer Hochschule für Nautik. Die Prüfungsbedingungen sind im Anhang dieses Buches zusammengestellt.

Bremen, im September 1979   Walter Stein

Ein wenig Astronomie vorweg

DIE HIMMELSRICHTUNGEN

Ein Beobachter sieht die Gestirne aufgehen, einen höchsten Stand erreichen und dann wieder sinken und untergehen. Im Planetarium wird uns das sehr eindrucksvoll vorgeführt, indem die Zeit gerafft, ein ganzer Tag auf wenige Minuten zusammengedrückt wird. Der Beobachter sieht dann aber auch, wie im Norden Sternbilder wie der Himmelswagen nicht untergehen, kreisende Bewegungen ausführen um einen Stern, der offenbar fest steht.

Wir finden diesen Stern vom Himmelswagen aus, indem wir in der Richtung der Hinterwandsterne, wie es Abb. 2 zeigt, fünfmal um das Stück Hinterwand weitergehen. In einer ziemlich sternarmen Gegend finden wir den gesuchten Stern, um den sich scheinbar die ganze Himmelskugel dreht. Gehe ich von diesem Stern senkrecht hinunter zur Kimm, so erhalte ich die Richtung Nord, den Nordpunkt der Kimm. Den Stern nennen wir daher *Nordstern*.

Schaue ich nach Nord, so liegt hinter mir die Himmelsrichtung Süd, rechts Ost und links West.

DIE WICHTIGSTEN BEOBACHTUNGSSTERNE

Wir stehen unter dem funkelnden Sternhimmel einer mondlosen Nacht. Nicht zählbar scheint die Zahl der leuchtenden Punkte, die sich nur durch ihre Helligkeit unterscheiden und sich gelegentlich zu Sternzügen, Sternbildern anordnen, die eine ungefähre Ortsangabe für markante Sterne gestatten.

Schon von alters her hat man auffällige Sternzüge zu Sternbildern zusammengefaßt und in diesen Sternbildern Götter oder Tiere oder Gebrauchsgegenstände des täglichen Lebens gesehen. Von diesen Sternbildern aus kann man durch Suchlinien leicht weitere markante, zum Beobachten geeignete Sterne finden.

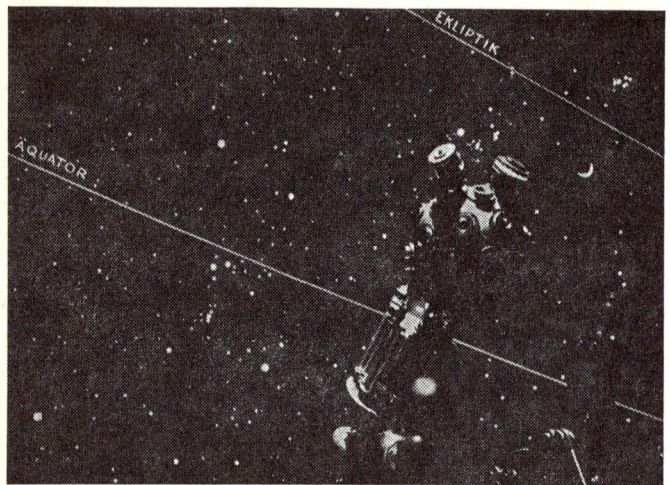

Abb. 1   Im Planetarium. Orion und Umgebung am südwestlichen Abendhimmel

Für die astronomische Navigation kommen nur die hellsten Sterne – erster und zweiter Größe, sagt der Astronom – in Frage. Sie tragen meist griechische oder babylonische Namen.

Im Nautischen Jahrbuch sind 80 Fixsterne zusammengestellt, die aber nicht alle benötigt werden. Es werden die Stellung im Sternbild und der Name angegeben. Im Sternbild sind die Sterne mit griechischen Buchstaben α, β, γ fortlaufend numeriert. So finden wir z. B. als ersten Stern angeführt: α – Andromedae (Sirrah).

Fixsterne erscheinen im allgemeinen, auch im Fernrohr, als Punkte, ihr Licht ist funkelnd. Im Gegensatz zu den Planeten, die als kleine Scheiben erscheinen und ruhiges Licht aussenden.

Außer der verschiedenen Helligkeit kann bei dem Aufsuchen eines Fixsterns auch die Farbe des ausgesandten Lichtes helfen.

Ausführliche Suchvorschriften finden wir in vielen Büchern zusammengestellt, wie z. B. auch in dem Band 1 der Kleinen Yacht-Bücherei, ,,Das kleine Sternenbuch'', das der Verfasser dieses Buches für Sternenfreunde, Segler und Seeleute schrieb.

Ich gebe daher auf den folgenden Seiten nur einige ausgewählte Regeln an.

● Zirkumpolarsterne

Den *Himmelswagen* (Großer Wagen, Großer Bär) haben wir schon als Sternbild betrachtet, das uns den Nordstern zeigt. Der Himmelswagen bleibt bei uns auf seinem ganzen Umlauf um den Himmelspol über dem Horizont. Derartige *zirkumpolare* Sternbilder sind auch der *Kleine Wagen* oder *Kleine Bär,* der am Polarstern hängt, das große W des Himmels, die *Cassiopeia* und der zwischen Cassiopeia und Polarstern liegende *Cepheus.*

● Frühlingssterne

Während der *Orion,* das Glanzstück des Winterhimmels, immer mehr im Westen versinkt, wird der *Löwe,* mit den guten Beobachtungssternen *Regulus,* dem Vorderfuß, und *Denebola,* dem Schwanz des Löwen, das beherrschende Sternbild des Südhimmels.

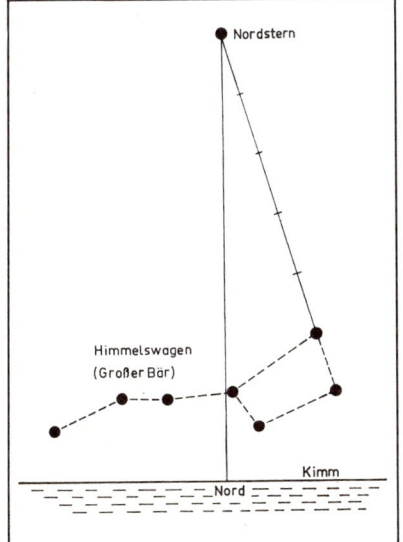

Abb. 2   Wie finde ich Nord?

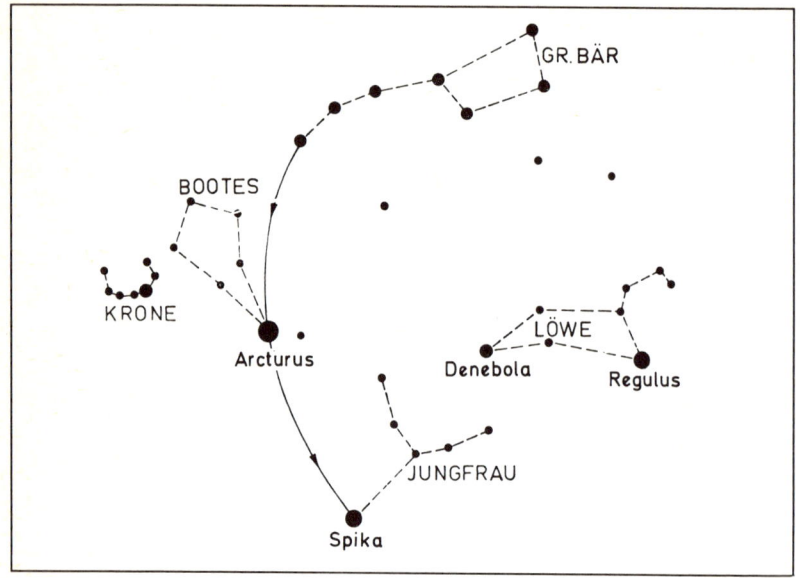

Abb. 3   Die Sternbilder Löwe, Bootes und Jungfrau

Abb. 3 zeigt, wie die weiteren Frühlingssternbilder *Bootes* (Bärenhüter) mit dem hellen *Arcturus* und *Jungfrau* mit der hellen *Spika* vom Himmelswagen aus durch Verlängerung der Deichsel des Himmelswagens in ihrer natürlichen Krümmung gefunden werden können.

Regulus, Arcturus und Polarstern bilden ein fast gleichseitiges Dreieck, das den Himmelswagen umschließt.

● Sommersterne

Die beherrschenden Sterne des Sommerhimmels sind Deneb, Wega und Atair, die das *Sommerdreieck* bilden.

Wenn man die Milchstraße vom Himmels-W, der Cassiopeia, aus verfolgt, kommt man zu dem auffälligen großen Kreuz, das von den Alten als *Schwan* (Cygnus) gedeutet wurde (Abb. 4). Im Schwanz dieses fliegenden Schwans steht der helleuchtende *Deneb*.

Etwas nördlich der Milchstraße steht, ebenso weit vom Nordstern entfernt wie Deneb, der hellste Stern unseres Fixsternhimmels, die bläulich-weiß funkelnde *Wega* im Sternbild der *Leier* (Lyra, Abb. 5). Verbindet man Deneb und Wega und errichtet auf dieser Verbindungslinie eine Mittelsenkrechte, so liegt darauf der dritte Stern des Sommerdreiecks, der *Atair* im *Adler* (Aquila).

● Herbststerne

In Abb. 6 sind die wichtigsten Herbststernbilder zusammengestellt, von denen uns vor allem der *Perseus,* die *Andromeda* und der *Pegasus* interessieren. Wir werden durch eine Suchlinie über Polarstern, Cassiopeia, Pegasus den *Frühlingspunkt,* die Stellung der Sonne bei Frühlingsanfang, finden lernen (Abb. 37). Auch das Sternbild des *Widders* (Aries) ist eingezeichnet.

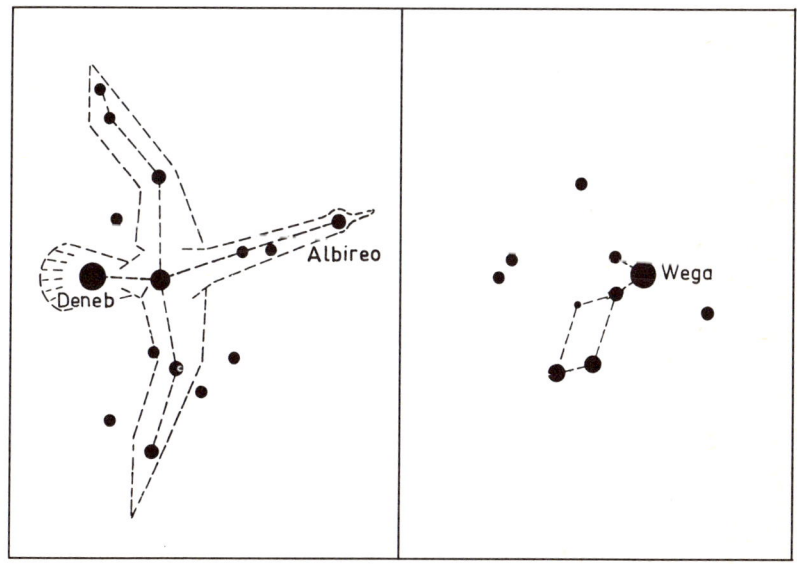

Abb. 4   Sternbild Schwan

Abb. 5   Sternbild Leier

15

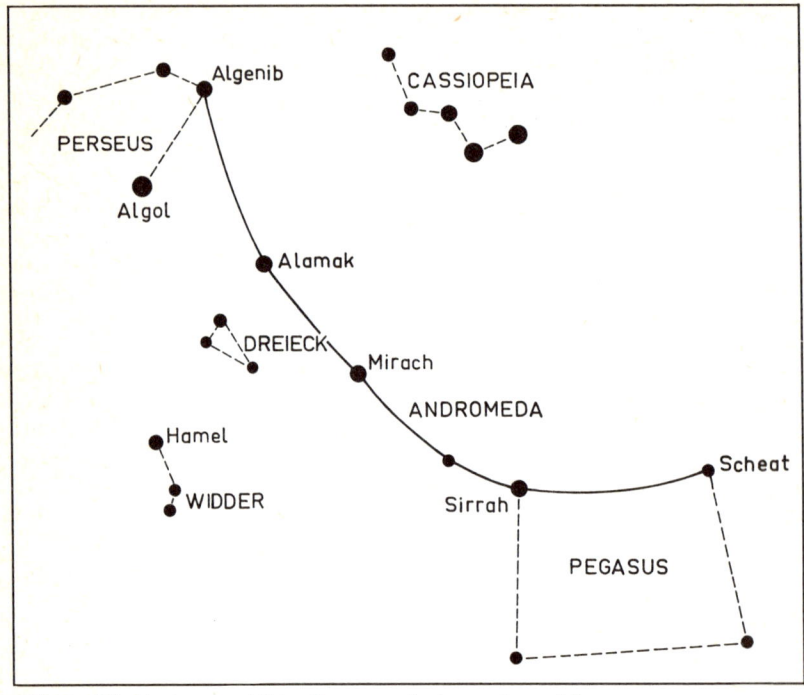

Abb. 6 Die Herbststernbilder Pegasus, Andromeda und Perseus

Die schönsten Sternbilder allerdings mit einer Fülle von hellen Beobachtungssternen bietet der abendliche Winterhimmel um den Orion herum.

● Wintersterne

Abb. 7 zeigt das Sternbild des Himmelsjägers *Orion,* der gegen einen Stier ficht.

Der am weitesten nach Norden und an der Milchstraße liegende rötlich leuchtende Stern ist die *Beteigeuze.* Er gibt die linke Schulter des Jägers. Die rechte Schulter ist die *Bellatrix.* Diagonal zu Beteigeuze liegt im Viereck dieses Sternbildes der Fußstern *Rigel,* der weiß leuchtet.

Folgende Suchlinien führen uns zu weiteren guten Beobachtungssternen:
– Die Verlängerung der Gürtellinie führt auf der einen Seite zum rötlich leuchtenden *Aldebaran* im Sternbild *Stier* und zu dem Sternhaufen der *Plejaden* (Siebengestirn) und auf der anderen Seite zum sehr hellen *Sirius* im Sternbild des *Großen Hundes* (α – Canis majoris).
– Die Verlängerung der Schultersternverbindungslinie über die Beteigeuze hinaus führt über die Milchstraße hinweg zum *Procyon* im *Kleinen Hund.*
Beteigeuze, Procyon und Sirius bilden das auffällige große *Winterdreieck.*
– Die Verlängerung der Diagonale im Orion-Viereck vom Rigel aus führt zu dem Sternbild der *Zwillinge,* dessen beide Hauptsterne *Castor* und *Pollux* heißen. Die andere Diagonale führt zur *Capella* im Sternbild des *Fuhrmanns* (Auriga).
Abb. 8 zeigt das *Große Sechseck* heller Sterne um den Orion herum, gebildet von Sirius, Procyon, Castor, Capella, Aldebaran und Rigel.

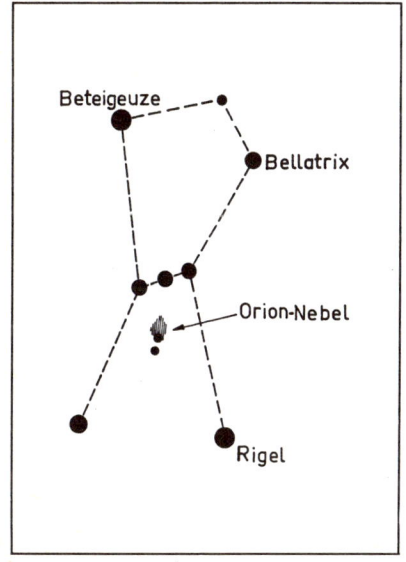

Abb. 7   Sternbild Orion

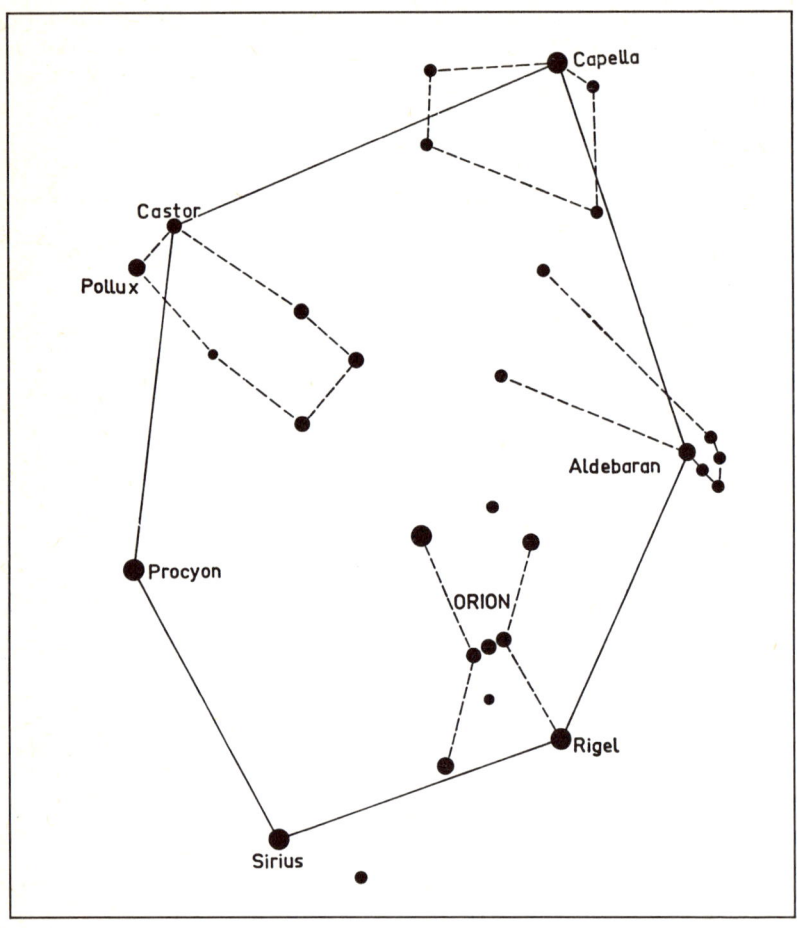

Abb. 8   Das Große Sechseck

Im Nautischen Jahrbuch tragen die wichtigsten Beobachtungssterne Nummern. In unseren Aufgaben werden die folgenden Sterne benutzt:

4	Schedir	im Sternbild	Cassiopeia
18	Capella		Fuhrmann
29	Sirius		Großer Hund
49	Spika		Jungfrau
53	Arcturus		Bootes
61	Antares		Skorpion
69	Wega		Leier
71	Atair		Adler

Diese Sterne suche man auch in den Sternkarten auf, die dem Nautischen Jahrbuch beigegeben sind.

Eine große Hilfe beim Identifizieren eines Sterns geben die drehbaren Sternkarten, wie sie z. B. der Kosmos-Verlag herausgibt. Eine ausführliche Gebrauchsanweisung liegt ihnen bei. Sie gelten freilich nur für unsere Breiten, genaugenommen nur für München. Wer auch die Sternbilder südlicher Breiten studieren will, etwa zur Vorbereitung seiner Sommerfahrt, der besuche das nächstgelegene *Planetarium,* das für unsere Zwecke lieber *Stellarium* heißen sollte. Denn es kann den Fixsternenhimmel jeder Nacht auf jeder Breite in verblüffender Echtheit an eine Kuppel projizieren, und Sie können sich dann schon in aller Ruhe überlegen, welche Sterne für die Schiffsortbestimmung in Frage kommen und wie sie gefunden werden können.

Großplanetarien gibt es in der Bundesrepublik in Berlin, Bochum, Freiburg, München, Nürnberg, Stuttgart. Kleinplanetarien in Bremen, Bremerhaven, Cuxhaven, Elsfleth, Erckrath, Flensburg, Glücksburg, Grünendeich, Hannover, Kiel, Köln, Leer, München, Nordenham, Recklinghausen.

Diese Planetarien zeigen uns auch, welche *Planeten* zu sehen sind und in welchem Sternbild wir sie finden können. Von den Bewegungen dieser *Wandel*sterne zwischen den *Fixsternen,* die ihre Lage zueinander immer beibehalten, sprechen wir später.

Natürlich zeigt das Planetarium auch den Mond in seinen verschiedenen Phasen und die Sonne.

Es wird nun zunächst unsere Aufgabe sein, die Lage der Gestirne am Himmel genauer festzulegen, *Koordinaten* einzuführen. Auch das läßt sich nirgends besser machen als am Planetariumshimmel, auf den man jede gewünschte Linie anschaulich projizieren kann.

Koordinaten? Wir erinnern uns zunächst daran, wie wir das in unserer Jugendzeit in der Ebene und auf der Erdkugel gemacht haben.

KOORDINATENSYSTEME

Um einen Punkt in einer Ebene festzulegen, kann man das *rechtwinklige Koordinatensystem* benutzen (Abb. 9). Man wählt dann zwei aufeinander senkrecht stehende Geraden als *Achsen.*
Die waagerechte Achse heißt *Abszisse* oder x-Achse, die senkrechte Achse *Ordinate* oder y-Achse. Auf diesen Achsen werden Teilungen angebracht, etwa nach rechts und nach oben in gleichen Abständen die positiven Zahlen $+1$, $+2$, $+3$ usw., nach links und nach unten, ebenfalls in denselben Abständen, -1, -2, -3. Der Schnittpunkt erhält die Bezeichnung 0.
Dann legt man zwei Scharen von Geraden parallel zu den Achsen an. Ein Punkt in der Ebene ist dann wohldefiniert durch die Nummern dieser Geraden, die benannt werden durch die Zahl auf der Achse, die sie schneiden. Ich kann auch jeweils den Abstand von den Achsen mit x und y benennen. x und y sind dann die *Koordinaten* des Punktes P (Abb. 10). Die x- und y-Achse nenne ich dementsprechend *Koordinatenachsen* dieses Koordinatensystems.

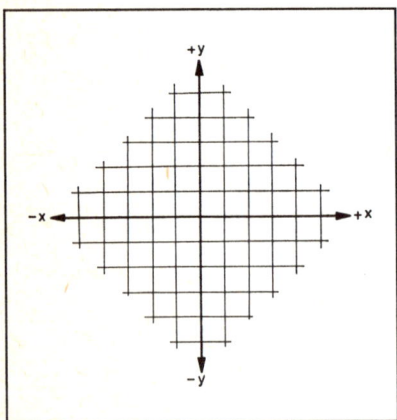

Abb. 9   Rechtwinkliges Koordinatensystem

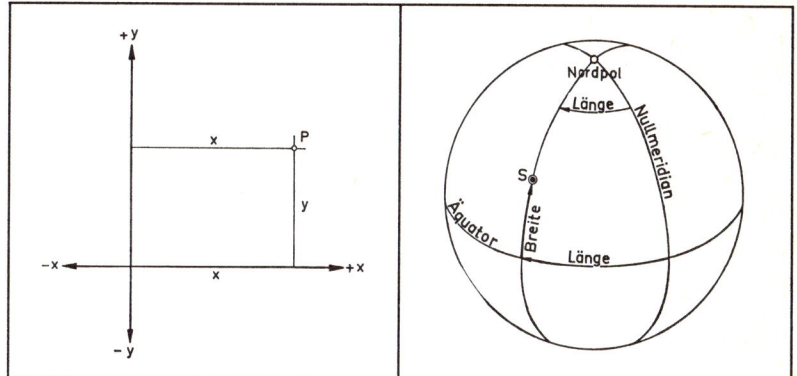

Abb. 10 *x, y als Koordinaten des*
Punktes P

Abb. 11   *Koordinaten auf der Erdkugel*

Entsprechend verfuhren wir auch, als wir für die terrestrische Navigation auf der Erdkugel den Äquator und den Greenwich-Meridian als senkrecht aufeinanderstehende Achsen und dann die Meridiane (senkrecht auf dem Äquator stehende Kreise) als erste Kurvenschar, die Breitenkreise als zweite Kurvenschar einführten. Als Koordinaten eines Ortes auf der Erde benutzten wir dann die ,,Nummer'' seines Meridians und seines Breitenkreises. Die Breite (φ) war der Abstand des Ortes vom Äquator, gemessen auf dem Ortsmeridian, und die Länge (λ) der Abstand des Meridianschnittpunktes auf dem Äquator vom Nullpunkt auf dem Äquator (Abb. 11).
Analog wollen wir nun auch Koordinaten der Gestirne am Himmel einführen.

1. Das Koordinatensystem des Horizontes

Wie können wir die genaue Lage eines Sterns am Himmel angeben, seine Koordinaten definieren, nach denen man ihn eventuell in einem ,,Adreßbuch'' festlegen und am Himmel aufsuchen kann? Zwei Angaben bieten sich an:
– die Richtung, in der wir den Stern sehen,
– die Höhe, in der er über der Kimm steht.
Für alle Koordinatensysteme, die wir entwickeln werden, wird angenommen, daß es sich um eine Himmel*kugel* handelt, wie es uns erscheint. Daß

21

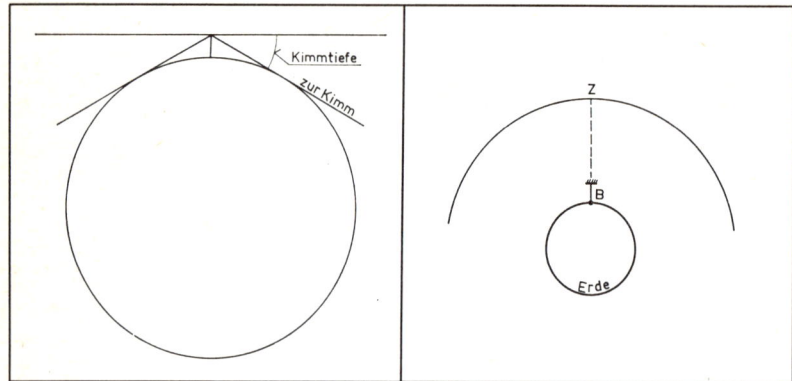

Abb. 12   Die Kimm   *Abb. 13   Der Zenit*

diese Vorstellung in Wirklichkeit nicht zutrifft, wissen wir. Ein Fixstern ist Billionen von Kilometern entfernt, der Mond im Mittel nur 380 000 Kilometer.

Die sichtbare Grenze zwischen Himmel und Erde nennen wir Horizont, der Seemann *Kimm* (Abb. 12). Der Punkt senkrecht über uns ist der Scheitelpunkt des Himmels, der *Zenit.* Die einzelnen Gestirne unterscheiden sich durch ihren Abstand von der Kimm, ihren *Kimmabstand,* und die Richtung, in der wir sie sehen. Kimmabstand und Richtung legen die Stellung des Gestirns am Himmelsgewölbe fest, wie Breite und Länge den Ort auf der Erde.

Befassen wir uns mit diesem Koordinatensystem genauer. Ausgangspunkt sei das Lot, die Vertikale, die ich mir jederzeit an jedem Ort (Bleikugel an Bindfaden) verschaffen kann. Diese Lotlinie, Vertikale, zeigt zum Erdmittelpunkt und durchstößt die Himmelskugel im *Zenit* (oder Scheitelpunkt, Abb. 13). Verlängere ich die Lotlinie nach der anderen Seite, durch die Erde hindurch, bis zur Himmelskugel, erhalte ich den *Nadir* oder Fußpunkt.

Zenit und Nadir sind *Gegenpunkte,* jeder Kreis durch diese beiden Punkte ist ein *Großkreis.*

Unsere erste Kurvenschar am Himmel sind nun die Großkreise durch Zenit und Nadir, die vertikal verlaufen und daher *Vertikalkreise,* kurz *Vertikale,* genannt werden (Abb. 14).

Als zweite Kurvenschar zeichnen wir Kreise senkrecht zur Zenit-Nadir-Linie an den Himmel, die allerdings alle verschieden lang sind, zum Zenit bzw. Nadir hin immer kleiner werden, sogenannte *Nebenkreise*. Der größte Kreis dieser Kurvenschar ist gleich weit vom Zenit wie vom Nadir entfernt, sein Mittelpunkt liegt im Mittelpunkt der Erde. Er heißt *wahrer Horizont*.

Auf diesem Horizont nennen wir den Punkt in der Richtung rechtweisend Nord den *Nordpunkt* (Np). Entsprechend führen wir Südpunkt (Sp), Ostpunkt (Op) und Westpunkt (Wp) ein.

Alle Gestirne, die denselben Abstand vom wahren Horizont, dieselbe *wahre Höhe* haben, liegen auf einem der an den Himmel gezeichneten Nebenkreise, die wir daher *Höhenparallele* nennen.

Zwischen Horizont und Zenit lege ich in gleichen Abständen 90 Höhenparallele, wobei der Horizont die Nummer 0, der Zenit die Nummer 90 erhält.

Entsprechend lege ich durch Zenit und Nadir 180 Vertikalkreise oder, besser gesagt, 360 Halb-Vertikalkreise.

Der Vertikalkreis durch Nord- und Südpunkt spielt eine besondere Rolle, er heißt *Himmelsmeridian*. Und zwar wird der Halbkreis Zenit-Nordpunkt-Nadir *Nordmeridian,* der Halbkreis Zenit-Südpunkt-Nadir *Südmeridian* genannt (Abb. 15).

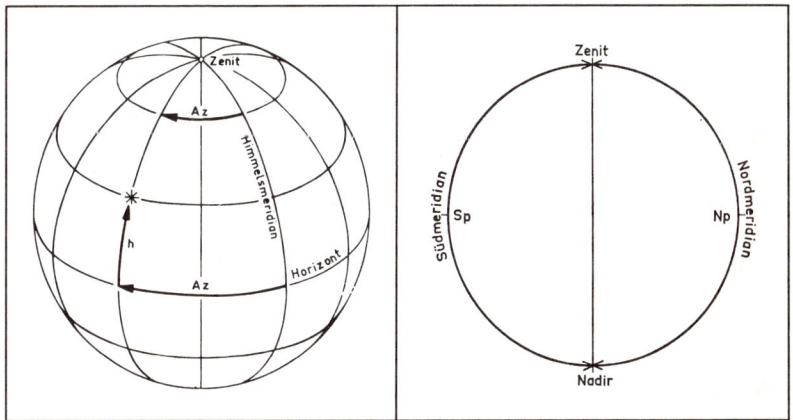

Abb. 14 Vertikalkreise und Höhenparallele, Höhe und Azimut

Abb. 15 Nord- und Südmeridian

Die Lage eines Gestirns am Himmel wird durch die folgenden zwei Koordinaten festgelegt:

Wahre Höhe (h) ist der Abstand des Gestirns vom wahren Horizont, gemessen als Bogen vom Gestirn zum Horizont auf dem Vertikalkreis, der durch das Gestirn geht.

Azimut (Az) ist der Winkel am Zenit zwischen dem Vertikalkreis des Gestirns und dem Himmelsmeridian oder auch der Bogen des wahren Horizontes zwischen dem Vertikalkreis des Gestirns und dem Himmelsmeridian.

Die Höhe wird in Grad gemessen und kann Werte von 0° (Horizont) bis 90° (Zenit) haben.

Die wahre Höhe kann man allerdings nicht beobachten, da der wahre Horizont, wie wir gleich sehen werden, nicht sichtbar ist. Beobachtet wird der Abstand von der Kimm, wie auf Seite 26 weiter ausgeführt wird.

Das Azimut wird in Grad angegeben (Abb. 16), und zwar kann man es vom Himmelsmeridian ausgehend vom Nordpunkt oder vom Südpunkt aus nach Ost oder West von 0° bis 90° *(quadrantal)* messen oder vom Nordpunkt aus über Ost-, Süd-, Westpunkt von 0° bis 360° *(vollkreisig)* oder auch vom Nordpunkt aus über Ostpunkt oder Westpunkt von 0° bis 180° *(halbkreisig)*.

Zum Beispiel ist dieselbe Richtung gemeint, wenn ich schreibe

$$Az = \quad S \ \ 25° \ W$$
$$Az = \quad \quad 205°$$
$$Az = \quad N \ 155° \ W$$

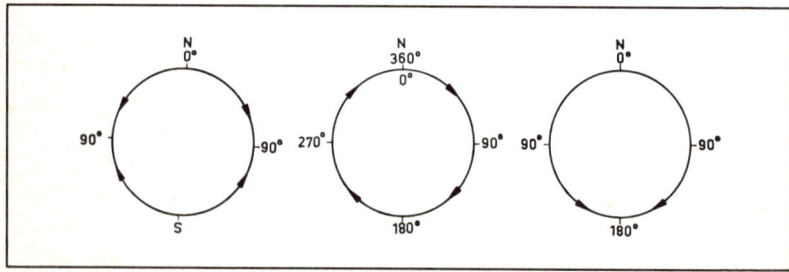

Abb. 16   Zählung des Azimuts

Noch eine Vokabel, die in der astronomischen Navigation gebraucht wird: Der Vertikalkreis, der senkrecht zum Himmelsmeridian steht, also durch den Ost- und Westpunkt geht, heißt *Erster Vertikal.*
Alle Sterne auf dem Ersten Vertikal haben das Azimut (in Vollkreisangabe) 90° oder 270°.

Betrachten wir zur Übung einige Sonderfälle:
Ein Stern im Nordpunkt hätte die Koordinaten

$$h = 0° \quad Az = 0°$$

ein Stern im Zenit

$$h = 90° \quad Az \text{ nicht angebbar}$$

ein Stern im Ostpunkt

$$h = 0° \quad Az = 90°$$

Übe das Festlegen von Sternen durch Schätzen am Himmel selbst. Einen Anhalt für Winkelmessungen am Himmel mögen folgende Maße geben:

Abb. 17
Handspanne ~ 22°

Abb. 18
Faustbreite ~ 10°

Abb. 19
Fingerbreite ~ 2°

Hält man seine Hand in etwa 0,50 m Abstand vom Auge, also den Arm leicht gekrümmt, dann verdeckt die geballte Faust (Abb. 18) ungefähr 10°, der Zeigefinger (Abb. 19) etwa 2° und die Handspanne (Abb. 17) von der Daumenspitze bis zur Kleinfingerspitze etwa 22°.
Das Azimut werden wir zunächst mit unserem Kompaß festlegen.

Wahrer Horizont, scheinbarer Horizont, Kimm
Den wahren Horizont erhielten wir, als wir durch den Mittelpunkt der Erde senkrecht zur Zenit-Nadir-Linie eine waagerechte Ebene legten. Sie schnitt das Himmelsgewölbe in einem Großkreis, dem *wahren Horizont.*

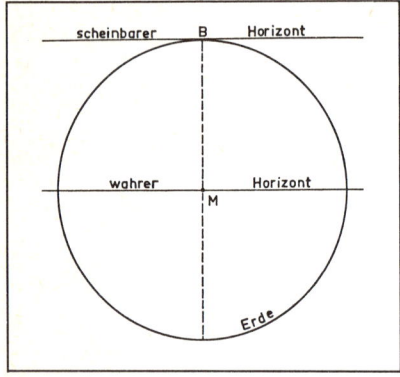

Abb. 20 Scheinbarer und wahrer Horizont

Der Beobachter steht aber nicht im Mittelpunkt der Erde, sondern auf der Erdoberfläche. Legt man durch das Auge des Beobachters eine waagerechte Ebene, so schneidet sie das Himmelsgewölbe in einem Kreis, den man den *scheinbaren Horizont* nennt. Er liegt höher als der wahre Horizont (Abb. 20).

Legt man durch das Auge des Beobachters Tangenten an die Erdoberfläche, wie es die Sehstrahlen des Beobachters sind, die zur Grenze von Himmel und Erde schauen, so schneidet dieser Tangentenkegel (Abb. 12) das Himmelsgewölbe in einem Kreis, den man *Kimm* nennt.

Die Kimm liegt um so tiefer unter dem scheinbaren Horizont, je *größer* die Augeshöhe des Beobachters ist. Bei der Auswertung von Sextantenmessungen müssen wir das berücksichtigen.

Beschickung des Kimmabstandes zur wahren Höhe

Die Lage des Gestirns am Himmelsgewölbe haben wir bereits festgelegt, und zwar durch die Koordinaten wahre *Höhe* und *Azimut.*

Mit dem Sextanten kann man aber die wahre Höhe nicht messen, nur den Abstand des Gestirns von der *Kimm,* der sichtbaren Grenze zwischen See und Himmelsgewölbe.

Den Winkel Kimm – Auge des Beobachters – scheinbarer Horizont – nennt man *Kimmtiefe* (Abb. 12). Die Kimmtiefe ist von der Augeshöhe des Beobachters abhängig. Wenn das Auge des Beobachters in der Höhe des scheinbaren Horizontes, also in der Höhe der Meeresoberfläche liegt, ist sie gleich Null. Die Tafel 26 der Nautischen Tafeln mit der Überschrift „Mittlere Kimmtiefe" gibt für jede Augeshöhe von 0,50 bis 50 m die Größe der Kimmtiefe an. Die Kimmtiefe wächst von 0 bis 12,6′, ist also in Abb. 12 stark übertrieben dargestellt.

Den Abstand des Gestirns von der Kimm nennt man *Kimmabstand,* den Abstand vom scheinbaren Horizont *scheinbare Höhe* (h$_s$).

Die Kimmtiefe muß man vom Kimmabstand abziehen, um die scheinbare Höhe des Gestirns zu erhalten.

Die Dichte-Verhältnisse in den untersten Luftschichten bringen eine Unsicherheit in den Wert der Kimmtiefe, der nicht immer genau erfaßt werden kann. Praktisch genügt ein mittlerer Wert, wie ihn die Tafel 26 angibt.

Wie kommen wir nun von der scheinbaren zur wahren Höhe?

Wie Abb. 21 zeigt, ist die wahre Höhe größer als die scheinbare, denn der wahre Horizont liegt tiefer als der scheinbare. Den Betrag, um den die wahre Höhe größer ist als die scheinbare, nennt man *Parallaxe* oder *Verschub.* Dies ist der Winkel am Gestirn, unter dem man den Halbmesser Mittelpunkt der Erde – Beobachter sieht.

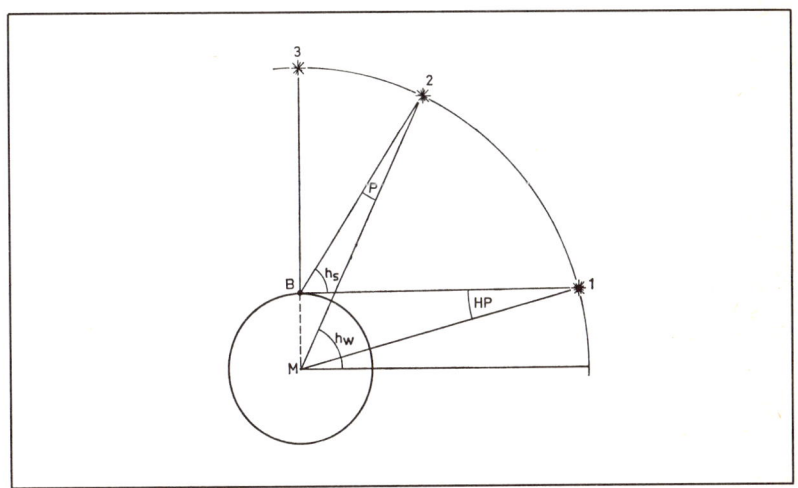

Abb. 21   Zusammenhang von Horizontal- und Höhenparallaxe

Dieser Winkel hängt von der Entfernung des Gestirns von der Erde ab, aber auch von der Höhe, unter der man das Gestirn beobachtet. Steht das Gestirn im scheinbaren Horizont, so ist er am größten, man spricht dann von *Horizontalparallaxe* (HP oder π) oder *Horizontalverschub*. Die Parallaxe in einer gewissen Höhe heißt *Höhenparallaxe* (P). Im Nautischen Jahrbuch wird die Horizontalparallaxe angegeben. Abb. 21 zeigt, wie P und HP zusammenhängen:

$$P = HP \cdot \cos h_s$$

Steht das Gestirn im Zenit, ist die Parallaxe P = 0 (Fall 3 in Abb. 21).
Die Parallaxe hängt außerdem von der Entfernung des Gestirns ab. Bei Fixsternen ist sie gleich Null, da sie praktisch unendlich weit von der Erde entfernt sind. Der uns nächste Fixstern, Sirius im Sternbild des Großen Hundes, ist neun Lichtjahre entfernt, das sind 90 000 000 000 000 oder 90 Billionen Kilometer. Auch für die „äußeren" Planeten unseres Sonnensystems (siehe Seite 86) ist die Parallaxe gleich Null. Die Parallaxe wird um so größer, je näher das Gestirn steht, ist also am größten beim Mond. Da dessen Abstand von der Erde zwischen 356 400 und 406 700 km schwankt, wird sie im Nautischen Jahrbuch für jeden Tag dreimal angegeben, und zwar für 4^h, 12^h und 20^h MGZ, bei den Planeten nur einmal am Tag. Die Horizontalparallaxe der Sonne beträgt 0,1'.
Für den 19. April 1973 finden wir z. B. im Jahrbuch 1973:

Mond	4^h	HP = 54,6'	Venus	HP = 0,1'
	12^h	HP = 54,5'	Mars	HP = 0,1'
	20^h	HP = 54,4'	Jupiter	HP = 0
			Saturn	HP = 0

Beschickung auf den Gestirnsmittelpunkt

In unsere Rechnung gehen alle Gestirne als Punkt ein, das heißt wir brauchen die Höhe des *Mittelpunktes* über dem Horizont. Bei Sonne und Mond, die als kreisrunde Scheibe am Himmel stehen, messen wir aber genauer den Abstand des Unterrandes bzw. des Oberrandes vom Horizont bzw. von der Kimm, den wir mit der Kimm zur Berührung bringen. Um vom Rand zum Mittelpunkt zu kommen, muß der *Halbmesser* bekannt sein und als Beschickung an der Rand-Beobachtung angebracht werden. Ist der Gestirns*oberrand* benutzt worden, also z. B. der Kimmabstand des Sonnenoberrandes gemessen, so muß der Halbmesser subtrahiert werden; ist der Kimmabstand des Unterrandes gemessen, muß der Halbmesser addiert werden.

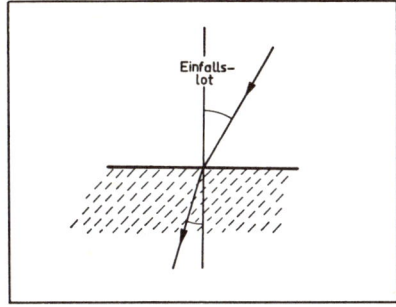

Abb. 22   Brechungsgesetz der Optik

Der Halbmesser der Sonne (r) beträgt etwa 16′ und wird im Nautischen Jahrbuch für jeden Tag angegeben.

● Übungsaufgabe
Am 19. 4. 73 ist also r =?
(Die Antworten auf die Übungsaufgaben befinden sich im Anhang.)

Den Halbmesser des Mondes kann man aus der Horizontalparallaxe genügend genau errechnen, indem man sie mit 0,272 multipliziert.
Um die wahre Mittelpunktshöhe zu erhalten, müssen also am Kimmabstand angebracht werden:

    Kimmtiefe
    Parallaxe
    Halbmesser

Aber damit sind wir immer noch nicht am Ende, denn die Lufthülle der Erde hat unsere Messung verfälscht, die vom Gestirn kommenden Lichtstrahlen wurden in der Atmosphäre gebrochen. Erinnern wir uns an den Physikunterricht, Fachgebiet Optik: Lichtstrahlen werden beim Übergang von einer (optisch) dünneren in eine dichtere Schicht zum Einfallslot hin gebrochen. Je näher der Lichtstrahl der Erdoberfläche kommt, desto „dickere Luft" findet er vor und wird also, wie Abb. 23 zeigt, immer mehr zum Einfallslot hin gebrochen. Der Beobachter auf der Erde „sieht" also den vom Gestirn G₁ ausgehenden Strahl aus der Richtung BE ankommen, vermutet das Gestirn viel höher, als es in Wirklichkeit steht. Den Betrag, um den der Beobachter das Gestirn zu hoch sieht, nennt man *Refraktion* oder astronomische *Strahlenbrechung*.

29

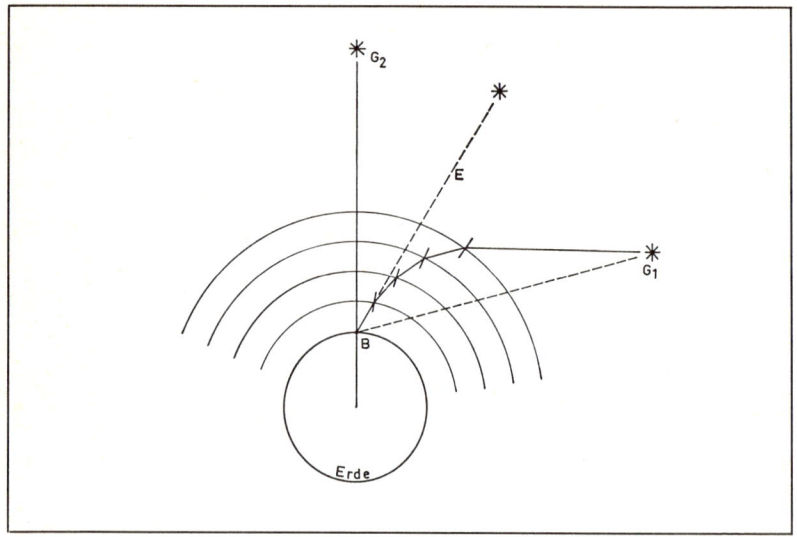

Abb. 23   Refraktion

Die Refraktion hängt davon ab – einerlei, um welches Gestirn es sich handelt –,
– wie hoch es steht,
– wie „dicht" die passierten Luftschichten waren.
Steht das Gestirn im Horizont, ist der Weg durch die Lufthülle am längsten, die Refraktion am größten. Steht es im Zenit, so ist sie gleich Null, weil die Strahlen senkrecht einfallen.
Je höher der Luftdruck, desto größer die Refraktion.
Je höher die Temperatur, desto kleiner die Refraktion.
Die Nautischen Tafeln geben in Tafel 24 eine *mittlere Strahlenbrechung* an. Der Tafel ist ein mittlerer Luftdruck von 1013 Millibar (760 mm) und eine Lufttemperatur von + 10 °C zugrunde gelegt. Tafel 25 gestattet eine Berichtigung der mittleren Strahlenbrechung nach Luftdruck und Lufttemperatur.
Die Refraktion R muß von dem beobachteten Wert abgezogen werden, da das Gestirn nicht so hoch steht, wie es dem Beobachter zu stehen scheint.

Bringe ich
- Kimmtiefe
- Parallaxe
- Halbmesser
- Refraktion

am beobachteten Kimmabstand an, so erhalte ich die *wahre Mittelpunktshöhe des Gestirns,* mit dem ich in die Rechnungen zur Ortsbestimmung einzugehen habe.

Diese einzelnen Beschickungen brauche ich in praxi aber nicht aufzuschlagen, da die Nautischen Tafeln eine *Gesamtbeschickung* angeben, die nun natürlich als Eingänge Augeshöhe, Kimmabstand, Horizontalverschub und Datum haben müssen.

Es gibt

Tafel 20: Gesamtbeschickung für den Kimmabstand der Sonne,

Tafel 21: Gesamtbeschickung für den Kimmabstand eines Fixsterns oder Planeten,

Tafel 22: Gesamtbeschickung für den Kimmabstand des Mond-Unterrandes,

Tafel 23: Gesamtbeschickung für den Kimmabstand des Mond-Oberrandes.

Üben wir die Anwendung dieser Tafeln, auch wenn es uns langweilig oder stumpfsinnig erscheint, damit wir nicht später bei den Ortsbestimmungen daran scheitern.

Beispiele für die Beschickung des Kimmabstandes:

Ich gebe den am Sextanten abgelesenen Winkel und den Wert der *Indexberichtigung* (siehe Seite 42), den ich am abgelesenen Wert noch anbringen muß, um den wirklichen Kimmabstand zu haben. Für Kimmabstände verwendet man folgende Symbole:

Kimmabstand Fixstern	☼	Kimmabstand Jupiter	♃
Kimmabstand Sonnen-Unterrand	☉	Kimmabstand Saturn	♄
Kimmabstand Sonnen-Oberrand	☉	Kimmabstand Mond-Unterrand	☽
Kimmabstand Venus	♀	Kimmabstand Mond-Oberrand	☽
Kimmabstand Mars	♂		

● 1. Fixstern

Es wurde beobachtet: Sirius, abgelesener $\ast$ = 45° 33′.
Die Indexberichtigung (Ib) wurde zu − 2′ bestimmt. Die Augeshöhe war
Ah = 3 m.
Wie groß war die wahre Höhe?
Die Rechnung würde so niedergelegt werden können:

abgelesener $\ast$ = 45° 33,0′
Ib = −   2,0′
―――――――――
$\ast$ = 45° 31,0′
Gb = −   4,1′ (aus Tafel 21)
―――――――――
$\ast$ h = 45° 26,9′

Den Wert Gb = − 4,1′ erhielten wir aus Tafel 21 mit den Eingängen
Augeshöhe 3 m und Kimmabstand 45°.

● Übungsaufgaben

Fixstern	abgelesener Kimmabstand	Ah	Ib
1. Wega	35° 50′	3,0 m	+ 2,0′
2. Nordstern	72° 11′	4,0 m	− 1,0′
3. Arcturus	4° 10′	2,5 m	+ 0,5′

Wie groß ist die Gesamtbeschickung?

● 2. Planeten

Planeten können eine geringe Parallaxe haben, vor allem die uns
nahestehenden (welche sind das?), die kleine Zusatzbeschickung (unten
in der Tafel 21) darf also nicht vergessen werden! Dazu muß ich die
Parallaxe aus dem Jahrbuch entnehmen.
Wir beobachten den Mars:

abgelesener ♂ = 33° 45′

Es ist Ib = + 2′, Ah = 4 m, Parallaxe HP = 0,3′.

Dann ist

$$\begin{array}{rl}
\text{abgelesener} \quad \male = & 33°\ 45{,}0' \\
\text{lb} = & +\ 2{,}0' \\
\hline
\male = & 33°\ 47{,}0' \\
\text{Gb} = & -\ 4{,}7' \\
\hline
\male\,\text{h} = & 33°\ 42{,}3'
\end{array}$$

Tafel 21 liefert für Ah = 4 m und $\male$ = 34° den Wert − 5,0. Für HP = 0,3′ und 30° liefert die Zusatztafel unten: + 0,3. Die Gb ist also − 5,0 + 0,3′ = − 4,7′.

● Übungsaufgaben

Planet	abgelesener Kimmabstand	lb	Ah	HP
1. Mars	23° 55′	− 3′	10 m	0,2′
2. Venus	15° 15′	0	2 m	0,5′

Bestimme die Gesamtbeschickung

● 3. Sonnen-Unterrand

Da sich die Parallaxe der Sonne mit der Zeit ändert, hat Tafel 20 (Gesamtbeschickung für den Kimmabstand der Sonne) unten in der Zusatzbeschickung als Eingang die Zeit (Monat). Man hat am 1. 4. aus 4 m Augeshöhe den Kimmabstand des Sonnen-Unterrandes zu 7° 20,5′ gemessen. lb = − 4,5′. Wie groß ist die wahre Mittelpunktshöhe?

$$\begin{array}{rl}
\text{abgelesener} \quad \odot = 7° & 20{,}5' \\
\text{lb} = - & 4{,}5' \\
\hline
\odot = 7° & 16{,}0' \\
\text{Gb} = + & 5{,}4' \\
\hline
\odot\,\text{h} = 7° & 21{,}4'
\end{array}$$

Aus Tafel 20 entnahm man für Ah = 4 m und Kimmabstand 7° 20′: + 5,4′. Für Sonnen-Unterrand und Monat April kommt eine Zusatzbeschickung von 0,0′ dazu.

● 4. Sonnen-Oberrand

Am 3. 8. 73 beobachtet man

abgelesener	$\overline{\odot} = 14° 19,5'$
lb = − 2,5',	Ah = 2,5 m
abgelesener	$\overline{\odot} = 14° 19'$
	lb = − 2,5'
	$\overline{\odot} = 14° 17,0'$
	Gb = − 22,3'
	$\odot$ h = 13° 54,7'

Tafel 20 liefert für Ah = 2,5 m (zwischen Werten für 2 und 3 m einschalten!) und Kimmabstand 14°: + 9,5'. Die Zusatzbeschickung für Oberrand beträgt im August 31,8'.
Die Gb ist also = + 9,5' − 31,8' = − 22,3'.

● Übungsaufgaben

Sonnen-Unterrand

Datum	lb	Ah	abgelesener Kimmabstand
1. 7. 5.	− 2'	4 m	$\underline{\odot} = 33° 16,0'$
2. 17. 7.	+ 1'	8 m	$\underline{\odot} = 54° 3,5'$
3. 22. 2.	0	5 m	$\underline{\odot} = 10° 7,5'$
4. 1. 5.	− 1'	3 m	$\underline{\odot} = 44° 7,5'$

Sonnen-Oberrand

Datum	lb	Ah	abgelesener Kimmabstand
1. 7. 7.	− 0,5'	10 m	$\overline{\odot} = 41° 16,5'$
2. 28. 8.	0	3 m	$\overline{\odot} = 15° 10,0'$

Die Gesamtbeschickung ist zu bestimmen.

● 5. Mond-Unterrand

Bei den Mondbeobachtungen wird's etwas komplizierter, da wir seine großen Parallaxenänderungen zu berücksichtigen haben. Den Tafeln (22 und
23) wird zunächst ein Wert für den ganzgradigen Kimmabstand und ganze
Minuten des Horizontalverschubes entnommen und dann rechts ein Einschaltwert für Zehntelminuten des Horizontalverschubs und Minuten des
Kimmabstandes. Dann ist noch eine Berichtigung wegen der Augeshöhe
anzubringen. Ein Beispiel:
Aus 10 m Augeshöhe wird am Sextanten der Kimmabstand des
Mond-Unterrandes mit $☽$ = 9° 31′ beobachtet. Die Horizontalparallaxe HP
ist = 56,0′, die lb = − 1′. Wie groß ist die wahre Mittelpunktshöhe?
Tafel 22 gibt für 9° 30′ und 56,0′ den Wert 59,3′ an. Eingeschaltet braucht
nicht zu werden. Für Ah = 10 m ist die Berichtigung 0, so daß Gb = 59,3′.

abgelesener	$☽$ =	9° 31,0′
	lb =	− 1,0′
	$☽$ =	9° 30,0′
	Gb =	+ 59,3′
	$☽$ h =	10° 29,3′

Wie groß wäre die Gb gewesen, wenn $☽$ = 9° 40′, HP = 56,4′ und Ah = 3 m
ist?

Für 9° 30′ und 56,0′ ergibt sich	59,3′
Schaltwert für 10′ und 0,4′ ist	+ 0,6′
Berichtigung für Ah = 3 m	+ 2,5′
also Gb =	62,4′

● 6. Mond-Oberrand

Wie groß ist die Gesamtbeschickung für $\overline{☽}$ = 40° 39,5′, Ah = 14 m und
HP = 54,4′?
Aus Tafel 23 entnehmen wir für $\overline{☽}$ = 40° und HP = 54′ den Wert + 19,9′. Die
danebenstehende Schalttafel liefert für 39,5′ ∼ 40′ und 0,4′ den Wert − 0,3,
die untenstehende Tafel für Ah = 14 m die Berichtigung − 1,1′. Die
Gesamtbeschickung ist demnach: Gb = + 19,9′ − 0,3′ − 1,1′ = + 18,5′.

● Übungsaufgaben

Mond-Unterrand

abgelesener Kimmabstand	Ib	Ah	HP
1. ☽ = 50° 53,0′	− 3,0′	5 m	56,0′
2. ☽ = 33° 14,0′	+ 1,0′	10 m	58,4′
3. ☽ = 38° 8,5′	+ 1,5′	4 m	59,8′
4. ☽ = 16° 15,0′	0	18 m	57,7′

Mond-Oberrand

abgelesener Kimmabstand	Ib	Ah	HP
1. ☽̄ = 46° 13,0′	− 3,0′	10 m	57,0′
2. ☽̄ = 37° 10,0′	− 1,0′	3 m	58,6′
3. ☽̄ = 73° 14,5′	+ 0,5′	5 m	59,7′

Der Sextant

Zum Messen von Winkeln haben wir einen Sextanten an Bord. Abb. 24 zeigt einen Trommelsextanten. Wir sehen einen Instrumentenkörper, eine durchbrochene Metallfläche in der Form eines Kreisausschnittes von 60°, die auf der Rückseite mit einem Handgriff versehen ist. Auf dem Umfang ist eine Teilung eingraviert, über welche die Ablesevorrichtung gleitet. Sie ist an der *Alhidade* angebracht, die um den Mittelpunkt des Kreisausschnittes drehbar ist. Die Teilung heißt *Gradbogen* oder *Limbus.* Die Teilung läuft von 0° bis 120°, ist aber nach rechts einige Grade über den Nullpunkt hinaus, nach links über 120° bis etwa 130° durchgeführt.
Die Alhidade trägt die Ablesemarke, den *Index.* Über dem Drehpunkt der Alhidade ist, senkrecht zur Instrumentenebene, der *große Spiegel* angebracht. Ihm steht gegenüber der *kleine Spiegel,* der fest auf dem Instrumentenkörper angebracht ist. Er ist nur zur Hälfte belegt, durch die obere Hälfte sieht man direkt z. B. die Kimm oder das Gestirn.

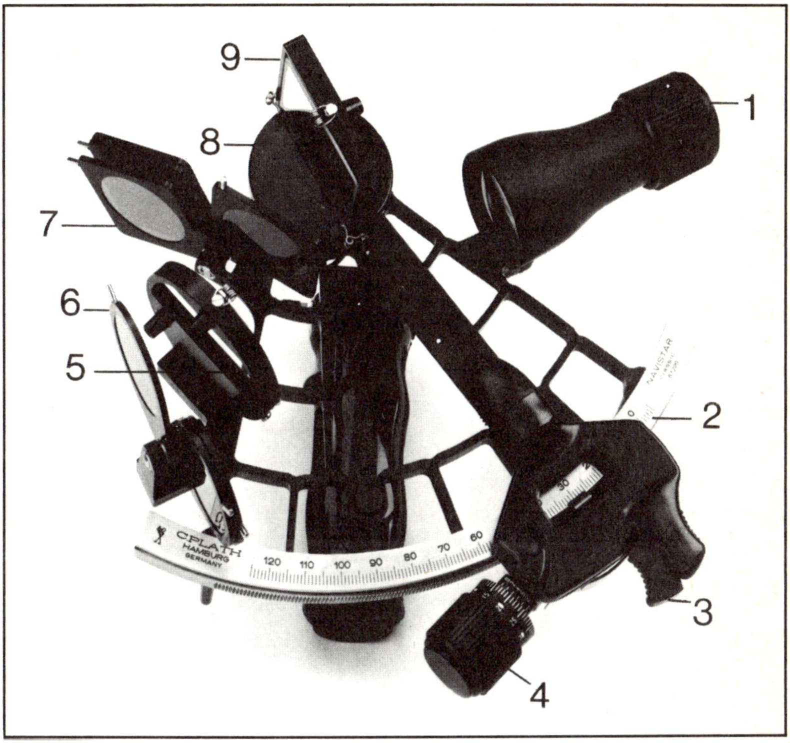

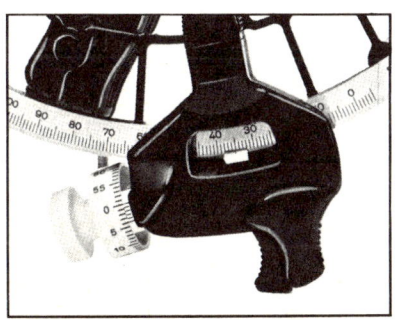

Abb. 24 *Trommelsextant Navistar Classic von Plath. 1 Fernrohr am Fernrohrträger, 2 Gradbogen, 3 Trommelschraube mit Klemmhebel, 4 Trommel, 5 kleiner Spiegel, 6 Blendgläser für den kleinen Spiegel, 7 Blendgläser für den großen Spiegel, 8 Achse, um welche die Alhidade sich dreht, 9 großer Spiegel*

Abb. 25 *Ablesung 35° 0'*

Abb. 26 Der Navistar Professional ist eine Neuentwicklung von Plath. Die besonderen Merkmale dieses Aluminium-Sextanten: Er besitzt nur jeweils zwei Filter und Schattengläser. Die Schattengläser werden durch Daumendruck in Längsrichtung des Sextanten eingestellt – das Gerät braucht dazu nicht vom Auge genommen zu werden. Die Augenmuschel am Teleskop (4 x 40) ermöglicht es, das Gerät fest an den Kopf zu ziehen und damit ruhiger zu führen. Alhidade und Trommelschraube sind spritzwasserdicht gelagert. Der maximale Meßfehler auf dem ganzen Bogen ist kleiner als 20 Sekunden.

Dem kleinen Spiegel gegenüber befindet sich der *Fernrohrträger,* in den wir ein kleines, zur Ausrüstung des Sextanten gehöriges Fernrohr einsetzen können.

Die Abbildung zeigt weiter *Blendgläser,* die bei Bedarf in den Strahlengang eingeschwenkt werden können.

Eine endlose *Trommelschraube* faßt in einen Zahnkranz am Gradbogen, dessen Zähne nur je einen Grad auseinanderliegen. Durch eine Umdrehung der *Trommel* wird die Alhidade um einen Grad weitergeschoben. Da die Trommel gleichmäßig in 60 Teile geteilt ist, kann man den gemessenen Winkel auf 1/60 Grad, das heißt auf Minuten ablesen und Bruchteile zwischenschalten.

In Abb. 25 liest man am Gradbogen 35 und auf der Trommel 0 ab. Der gemessene Winkel ist also 35° 0′. Die endlose Schraube kann durch Lösen eines *Klemmhebels* von der Gradbogenteilung abgehoben werden, damit man zunächst schnell eine Grobeinstellung herbeiführen kann.

Der Sextant hat eine eingebaute elektrische Skalenbeleuchtung. Dem Instrument wird meist ein zwei- bis viermal vergrößerndes (Galileisches) Fernrohr beigegeben. Wenn das Fernrohr ein großes Objektiv besitzt (Nachtglas), kann man die nach Sonnenuntergang nicht mehr so gut erkennbare Kimm noch ausnutzen.

Abb. 26 zeigt einen Sextanten aus seewasserbeständigem Aluminium.

Wie messe ich nun mit diesem Instrument Winkel? Für den, der noch Kenntnisse aus dem physikalischen Teilgebiet ,,Optik'' hat, ist die Abb. 27 wohl leicht verständlich. Die Spiegel sind so angebracht, daß sie parallel stehen, wenn der Index auf der Null des Gradbogens steht.

Will ich den Winkel zwischen A und B, den Winkel β in Abb. 27 messen, also etwa einen Kimmabstand oder einen terrestrischen Höhenwinkel, richte ich, mit dem Fernrohr durch den unbelegten Teil des kleinen Spiegels schauend, das Instrument in seiner Fernrohrachse direkt auf A. Dann drehe ich die Alhidade (mit dem großen Spiegel) so lange, bis die von B kommenden Strahlen nach Reflexion am großen Spiegel und am unteren (belegten) Teil des kleinen Spiegels in die Richtung des Fernrohrs und damit ins Auge des Beobachters geworfen werden. Man sieht dann das direkt gesehene und das doppelt gespiegelte Bild in Deckung.

Der Winkel α zwischen den Spiegeln, den die Alhidade auf dem Gradbogen anzeigt, ist nur halb so groß wie β, wie man nachmessen kann.

Der Gradbogen ist so geteilt, daß er nicht α, sondern das gesuchte β angibt: Die Teilung geht also nicht von 0° bis 60°, sondern von 0° bis 120°.

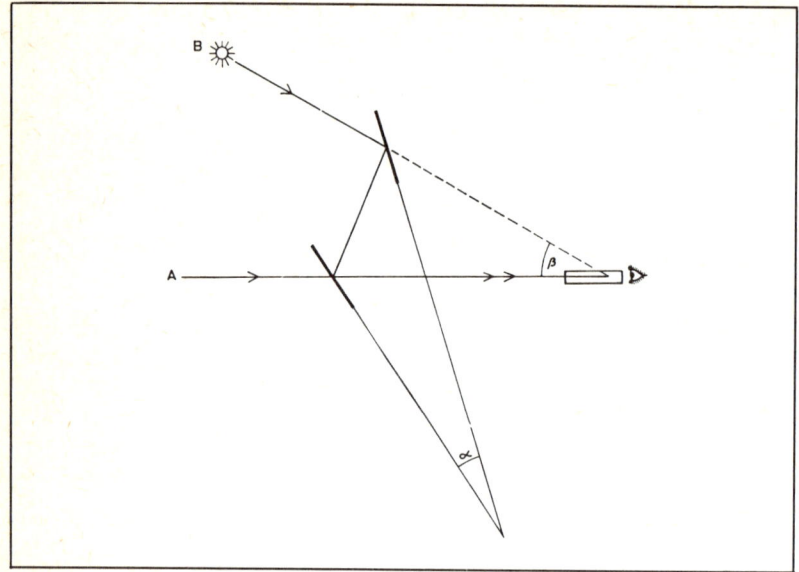

Abb. 27

Fehler des Sextanten und ihre Beseitigung

Wenn wir uns auf die Ergebnisse unserer Messungen mit dem Sextanten verlassen wollen, darf das Instrument keine Fehler haben. Wir müssen lernen, etwaige Fehler festzustellen und wenn möglich zu beseitigen. Wir wollen zunächst von den Fehlern des Instrumentes sprechen, die wir *grobe* Fehler nennen. Sie können an Bord nicht beseitigt werden.

● Grobe Fehler

– Die Blendgläser und Spiegel sind nicht planparallel geschliffen. *Plan,* das heißt eben müssen die Oberflächen der verwandten Gläser sein, nicht wellig wie gelegentlich gewöhnliches Fensterglas. Man erhält sonst verzerrte Bilder. *Parallel* müssen die Begrenzungsflächen sein, sonst gibt

es störende Nebenbilder (etwa zwei oder mehr Sonnen). Man kann diesen Effekt gut bei einem gewöhnlichen Taschenspiegel beobachten, wenn man sehr schräg daraufsieht.
- Die Teilungen des Gradbogens und der Trommel sind nicht einwandfrei.
- Der Drehpunkt der Alhidade liegt nicht im Mittelpunkt des Gradbogens (Exzentrizitätsfehler).

Diese Fehler kommen bei einem heute hergestellten Sextanten wohl nicht mehr vor. Das Deutsche Hydrographische Institut (DHI) prüft jedes Instrument, bevor es in den Handel kommt, und stellt, wenn das Instrument in Ordnung ist, einen *Prüfschein* aus, auf dem etwaige noch zu berücksichtigende Restfehler angegeben sind.

Für die Berufsschiffahrt schreibt die Schiffssicherheitsverordnung vor, daß diese Prüfung alle zweieinhalb Jahre zu wiederholen ist.

Kaufen wir einen Sextanten, etwa einen gebrauchten, sollten wir ihn vorher prüfen lassen.

Vorsicht ist wegen des ersten groben Fehlers auch geboten, wenn ein zerbrochener Spiegel auf Reisen ersetzt werden muß. Man sollte ihn nur von einem Fachmann ergänzen lassen.

Bevor wir nun mit unserem Instrument messen, haben wir möglicherweise noch *kleine* Fehler festzustellen und zu beseitigen: Die Spiegel, die federnd gehalten werden, könnten durch Stoß aus der richtigen Lage gekommen sein. Sie müssen senkrecht zur Instrumentenebene und bei Nullstellung der Alhidade parallel zueinander stehen.

● Prüfung der Spiegelstellung

1. Steht der große Spiegel senkrecht auf der Instrumentenebene?

Um das zu prüfen, stellt man die Alhidade etwa in die Mitte des Gradbogens, hält das Instrument horizontal, den Gradbogen von sich abgewendet und blickt unter einem spitzen Winkel in den großen Spiegel und gleichzeitig an der inneren Kante vorbei nach dem Gradbogen.

Der Spiegel steht senkrecht, wenn der direkt gesehene und das gespiegelte Bild des Gradbogens in einer Ebene liegen. Ist das Spiegelbild des Gradbogens nach oben gebogen, ist der große Spiegel nach vorne geneigt.

Wenn der große Spiegel nicht senkrecht steht, mißt man alle Winkel zu groß.

Durch vorsichtiges Drehen an der oberen Halteschraube kann man den Spiegel senkrecht stellen.

2. Steht der kleine Spiegel senkrecht zur Instrumentenebene?

Wenn der kleine Spiegel parallel zum großen Spiegel steht, muß er automatisch auch senkrecht zur Instrumentenebene stehen.
Und wie stellen wir fest, ob er parallel zum großen Spiegel steht?
Am besten machen wir das an der Kimm *(Kimmprobe).* Wir stellen den Index ungefähr auf Null, halten den Sextanten senkrecht und bringen die Kimm mit ihrem doppelt gespiegelten Bild in Linie, wie bei der Indexbestimmung. Dann kanten wir den Sextanten um die Fernrohrachse nach beiden Seiten etwa um 45°. Wenn alles in Ordnung ist, müssen dabei die beiden Bilder in Linie bleiben. Ist das nicht der Fall, entsteht also gewissermaßen eine Treppe, so drehe ich vorsichtig an der seitlichen Halteschraube des kleinen Spiegels, bis dieser *Kippfehler* beseitigt ist.
Bei einigen Sextanten kann die Fußplatte des Spiegels gekippt werden.
Bei Vorhandensein eines Kippfehlers des kleinen Spiegels mißt man alle Winkel zu klein.
Diese Untersuchung kann man auch an der Sonne oder einem Stern durchführen. Der Spiegel steht richtig, wenn man das direkt gesehene mit dem doppeltgespiegelten Bild in Deckung bringen kann. Geht aber bei Bewegung der Alhidade in der Nullstellung das gespiegelte Bild an dem direkt gesehenen vorbei, muß der Spiegel, wie geschildert, gerichtet werden *(Deckprobe).* Auch entfernte irdische Objekte können für diese Deckprobe benutzt werden.

Indexberichtigung

In der Nullstellung stehen beide Spiegel parallel, und man sieht das Objekt mit seinem Spiegelbild in Deckung. Die Nullmarke der Alhidade, der *Index,* muß nun auf den Nullpunkt der Gradeinteilung des Limbus zeigen (Abb. 28). Ist das nicht der Fall, werden alle Messungen falsch. Ich muß diese Abweichung, den Indexfehler, bestimmen und an jeder Messung als Indexberichtigung – abgekürzt Ib – anbringen, um den wahren Winkel zu erhalten.
Die Bestimmung der Indexberichtigung kann auf zweierlei Art geschehen.

42

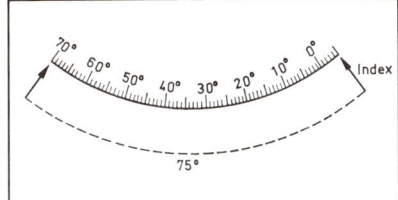

Abb. 28   *Index und Alhidade*

● Bestimmung an der Kimm

Ich bringe das direkt gesehene und das doppelt gespiegelte Bild der Kimm in Deckung. Dann stehen großer und kleiner Spiegel parallel. Ich sehe nach, ob die Indexmarke auf dem Nullpunkt der Teilung steht. So sollte es ja sein.

Steht er aber rechts vom Nullpunkt, auf dem *Vorbogen,* wird jeder Winkel zu klein abgelesen, der Fehlbetrag muß zu dem abgelesenen Wert addiert werden, die Indexberichtigung muß das Vorzeichen + erhalten. Steht der Index links vom Teilungsnullpunkt, auf dem *Hauptbogen*, so lesen wir einen zu großen Wert ab; der Wert muß abgezogen werden, die Indexberichtigung ist −.

Sinngemäß ist bei Trommelablesung die Indexberichtigung +, wenn der Index nach 55′ zu steht, dagegen −, wenn er nach + 5′ zu steht.

Wenn für Übungszwecke im Lehrgang die Kimm nicht zur Verfügung steht, genügt es, eine weit entfernte Horizontale, etwa ein Dach zu benutzen. Dieses Objekt muß aber mindestens eine Seemeile entfernt sein.

● Bestimmung an der Sonne

Sehr gut kann die Indexberichtigung auch an der Sonne bestimmt werden (Abb. 29). Ich sorge zunächst durch Einschieben geeigneter Blendgläser dafür, daß die Sonnenscheibe als matte, klar begrenzte Scheibe ohne störendes Blenden zu sehen ist. Nie ohne Blendgläser in die Sonne gucken! Das doppelt gespiegelte Bild gleich hell wie das direkt gesehene machen − eventuell verschieden färben.

43

Dann bringt man den Rand des doppelt gespiegelten Sonnenbildes mit dem Rand des direkt gesehenen oben und unten scharf zur Berührung und liest beide Male ab. Die Ablesung auf dem Vorbogen erhält das Vorzeichen +, jene auf dem Hauptbogen das Vorzeichen −. Die halbe algebraische Summe ist die Indexberichtigung.

Beispiel:	erste Ablesung	− 30′
	zweite Ablesung	+ 35′
	Summe	+ 5′
	Indexberichtigung	+ 2,5′

Eine Kontrolle der Beobachtung gestattet folgende Regel: Der vierte Teil der algebraischen Differenz der beiden Ablesungen muß gleich dem Halbmesser der Sonne sein. Dieser Halbmesser wird für jeden Tag im Nautischen Jahrbuch angegeben.

Im obigen Beispiel ist die algebraische Differenz 65′. Ein Viertel davon ist 16. Das Jahrbuch gibt den Halbmesser zu 16,1′ an. Also ist die Messung als gut zu bewerten.

Den Indexfehler kann man selbst beseitigen, indem man die Stellschraube dreht, die bei liegendem Sextanten an der Seite des kleinen Spiegels angebracht ist. Man stellt den Index auf Null, beobachtet die Kimm und bringt sie durch Drehen der Stellschraube mit dem Spiegelbild in

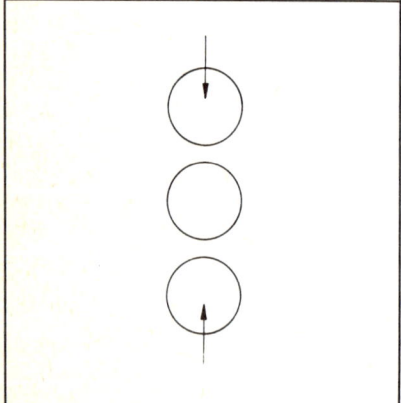

Abb. 29   Bestimmung der Indexberichtigung an der Sonne

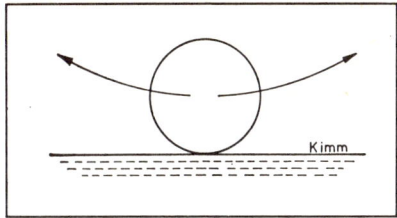

Abb. 30

Deckung. Es muß anschließend kontrolliert werden, ob der kleine Spiegel nun noch senkrecht steht. Zu warnen ist vor zu häufigem Drehen der Stellschrauben, da sie allmählich ausleiern und nicht mehr halten. Man nimmt lieber einen kleinen Indexfehler in Kauf und berücksichtigt ihn in der Rechnung.

Jedenfalls ist die *Indexberichtigung bei jeder Winkelmessung zu bestimmen.*

Das Beobachten mit dem Sextanten will geübt sein. Und ich kann nicht dringend genug mahnen, schon jetzt im Lehrgang und auch später immer wieder zu üben, um die Sicherheit zu bekommen, die garantiert, daß man sich im entscheidenden Augenblick auf die beobachteten Werte verlassen kann und zuverlässige Schiffsorte bekommt. In dem Teil „Praktische Prüfung" der Sporthochseeschiffer-Prüfung wird daher auch großer Wert auf einwandfreies Beobachten gelegt.

Das Messen von Kimmabständen

Um den Abstand eines Gestirns von der Kimm, den Kimmabstand zu messen, stellen wir zunächst unseren Sextanten auf Null, so daß wir das doppelt gespiegelte und das direkt gesehene Bild in Deckung sehen. Dann richten wir den Sextanten auf das Gestirn, die Sonne, lösen die Alhidade und neigen das Instrument langsam nach unten und bewegen dabei die Alhidade in entgegengesetzter Richtung so, daß das gespiegelte Bild des Gestirns immer im Gesichtsfeld bleibt und so mit nach unten wandert. Dies setzen wir fort, bis das Gestirn auf der Kimm sitzt.

Um eine genaue Berührung zu erhalten, schwenken wir den Sextanten ein wenig um die Fernrohrachse, so daß das gespiegelte Bild des Gestirns über der Kimm hin und her pendelt. Wir stellen nun die Alhidade so, daß das Gestirn die Kimm scharf berührt (Abb. 30). Erst wenn das Gestirn auf diese Weise über der Kimm pendelt, haben wir die Sicherheit, den Kimmabstand genau zu messen. Wir können die Genauigkeit steigern, indem wir das Fernrohr in den dafür vorgesehenen Fernrohrträger einsetzen.

Das muß geübt werden. Steht die Kimm nicht zur Verfügung, genügen horizontale Dächer oder Geländekanten.

Fixsterne und Planeten liefern die besten Höhen in der Dämmerung. Der Mond kann eventuell auch bei Tage beobachtet werden, auch die Venus und der Jupiter (Fernrohr benutzen!), wenn man ihre ungefähre Lage vorausberechnet hat.

Fixsterne sind in der Morgen- oder Abenddämmerung, wenn die Kimm gut auszumachen ist, oft so lichtschwach, daß man sie nicht findet. Man kann sie aber gut beobachten, wenn man den angenäherten Kimmabstand und das Azimut kennt. Wir behandeln das Vorausberechnen des zu erwartenden Kimmabstandes noch.

Man stellt dann diesen vorausberechneten Kimmabstand am Sextanten ein und sucht die Kimm in dem ungefähren Azimut des Gestirns ab.

Bei Beobachtungen über der Nachtkimm ist Vorsicht geboten, besonders, wenn die Kimm unter dem Mond liegt und hell erleuchtet ist. Beobachtungen über der Mondkimm sind unzuverlässig.

Bei allen Messungen muß die Kimm klar erkennbar sein. Eine große Augeshöhe ist günstig, da dann die Kimm schärfer wird und der Wert der Kimmtiefe (siehe Seite 27) zuverlässiger ist.

Bei kleinen Sonnenhöhen ist die Kimm oft schlecht auszumachen, ebenso bei unklarem und diesigem Wetter.

Wenn die Kimm im Nebel verschwindet und unklar wird, kann es unter Umständen noch zu einer brauchbaren Messung kommen, wenn man die Augeshöhe verkleinert, da dann die Kimm näher liegt.

Beobachten über dem künstlichen Horizont

An Land können wir das Beobachten auch üben, indem wir einen *künstlichen* Horizont benutzen. Wir nehmen einen flachen Teller und füllen ihn mit Sirup oder einer anderen zähflüssigen Masse. Die Oberfläche dieser Flüssigkeit stellt sich ideal horizontal ein und ergibt einen tadellosen Spiegel, in dem wir den zu beobachtenden Stern sehen können, wenn wir, in

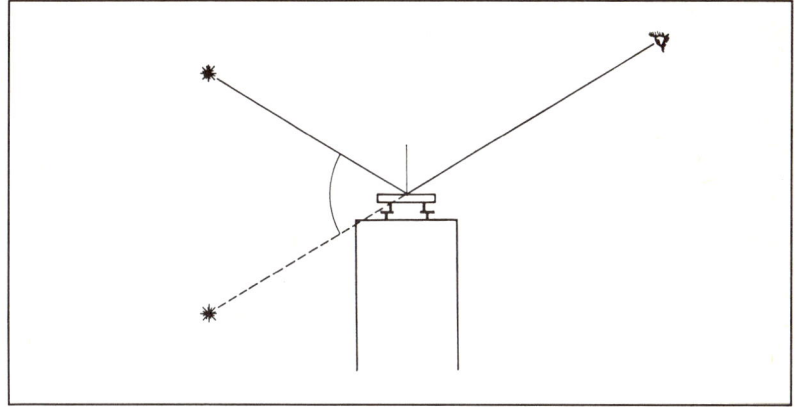

Abb. 31   Künstlicher Horizont

die Richtung zum Gestirn hin schauend, höher oder tiefer gehen. Nur müssen wir uns vor Wind schützen, der die Oberfläche in Wellen versetzt.

An den Seefahrtschulen wurde früher Quecksilber benutzt. Heute richtet man mit Libellen eine eben geschliffene Glasplatte, die auf drei in der Höhe verstellbaren Füßen steht, horizontal aus. Das ist etwas mühsam, aber von den Tücken des Wetters unabhängig.

Beim Beobachten über dem künstlichen Horizont verfahren wir wie eben geschildert, nur bringen wir das gespiegelte Bild mit dem im Spiegel direkt gesehenen Bild in Deckung bzw. Sonnen-Unterrand mit Sonnen-Unterrand. Wir messen dabei einen viel zu großen Wert, den doppelten Winkel (Abb. 31). An diesem Winkel müssen wir die Indexberichtigung anbringen. Dann müssen wir aber den Winkel halbieren und für diesen halbierten Wert die Gesamtberichtigung entnehmen.

Da wir bei dieser Beobachtung gewissermaßen mit dem Auge in der Kimm sind, muß die Gb *für die Augeshöhe Null* entnommen werden.

Ein Beispiel:

Man mißt am 10. Juli 73 über dem künstlichen Horizont 99° 14,5′ für den Sonnen-Unterrand. Man schreibt dies so:

$$\underline{\searbackslash\odot/} = 99° \ 14,5′$$
$$\text{Ib} - 2,0′$$

Dann sieht unsere Notiz so aus:

abgelesener \⊙/	=	99°	14,5′
Ib	=	−	2,0′
\⊙/	=	99°	12,5′
⊙	=	49°	36,3′
Gb	=	+	15,1′
⊙h	=	49°	51,4′

Auf See ist dieses Verfahren auf dem arbeitenden Schiff natürlich nicht anwendbar; man muß auf das Beobachten verzichten, wenn die Kimm nicht zu sehen ist.

Es gibt zwar auch für diesen Fall Hilfsmittel, die wir aber sicher an Bord unserer Yacht nicht haben. Ich meine *Libellensextanten,* bei denen eine eingebaute Libelle den Horizont liefert, und die *Kreiselhorizonte,* bei denen schnellaufende Kreisel die Horizontalebene halten.

Behandlung des Sextanten

— Jeden Stoß und Fall vermeiden. Vor allem die Spiegel und ihre Stellung sind gefährdet.

— Sextanten immer nur am Griff oder an den Sprossen des Instrumentenkörpers anfassen, auch beim Herausnehmen aus dem Kasten.

— Spiegel nur mit feinem Haarpinsel, wenn feucht geworden, mit weichem Lederlappen reinigen.

— Sextanten, vor allem Spiegel, Blendgläser und Fernrohre, nicht lange den Sonnenstrahlen aussetzen. Spiegel bekommen Flecken. Kitt in der Fernrohr-Optik löst sich.

— Klemmschrauben usw. von Zeit zu Zeit etwas ölen. Nur säurefreies Öl (Uhrmacheröl) verwenden.

2. Das Koordinatensystem des Himmelsäquators

Wir beobachten, daß der ganze Fixsternhimmel sich im Ablauf der Zeit bewegt. Täglich gehen abends Sterne im Osten auf, steigen südwärts wandernd an, bis sie ihren höchsten Stand im Süden erreicht haben, dann sinken sie, westwärts ziehend, bis sie im Westen unter der Kimm versinken,

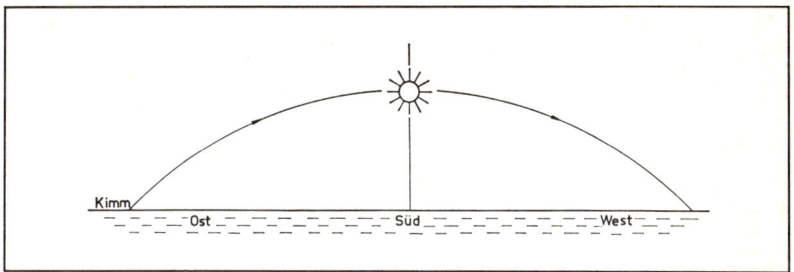

Abb. 32   Bahn eines Sterns im Laufe des Tages

untergehen (Abb. 32). Die ganze Himmelskugel scheint sich zu drehen. Nur der Nordstern steht die ganze Nacht hindurch an derselben Stelle des Himmels. Er bildet das eine Ende der Weltachse, um die sich die Himmelskugel dreht.

Und was wird aus unserer Sternen-,,adresse'', Höhe und Azimut? Sie ist nur für den einen Augenblick der Beobachtung gültig. Ständig ändern sich Höhe und Azimut des Gestirns.

Es ist daher zweckmäßig, ein zweites Koordinatensystem einzuführen, in dem sich die Koordinaten des Gestirns *nicht* im Laufe der Nacht ändern. Die Weltachse, um die sich die Himmelskugel dreht, ist die verlängerte Erdachse (Abb. 33). Ihre Endpunkte nennen wir *Pole,* und zwar Nordpol und Südpol, wie auf der Erde. Der Nordstern heißt daher auch, weil er am Pol steht, *Polarstern.*

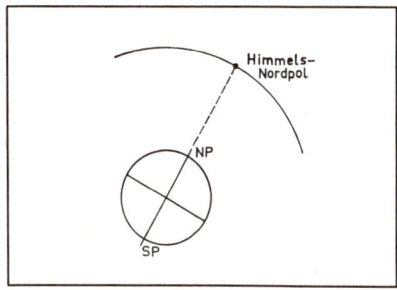

Abb. 33   Erd- und Himmelsachse

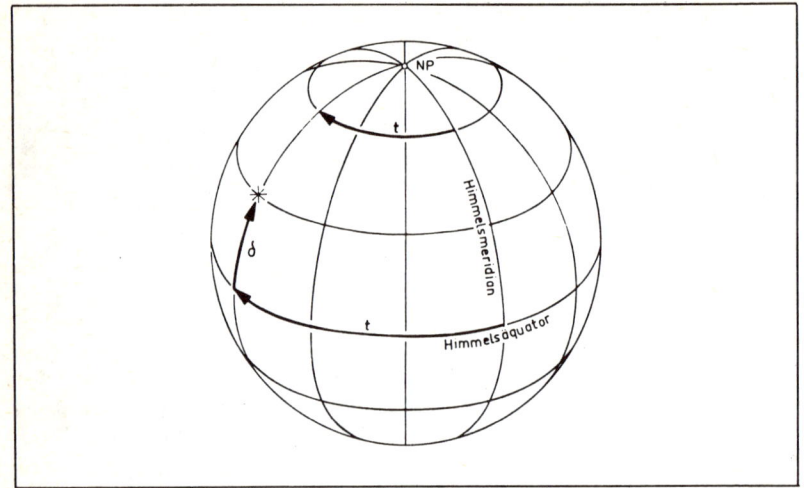

Abb. 34   δ und t eines Gestirns

Den Meridianen auf der Erdkugel entsprechen am Himmel als Großkreise durch Himmelsnordpol und Himmelssüdpol, die *Stundenkreise.* Einer von diesen Stundenkreisen geht durch den Nordpunkt des Horizontes; es ist der schon im Horizontsystem (siehe Seite 23) eingeführte *Himmelsmeridian.*

Senkrecht zu den Stundenkreisen und damit zur Weltachse legen wir nun eine Schar von Nebenkreisen, die den Breitenkreisen auf der Erde entsprechen. Sie heißen *Abweichungsparallele,* weil alle Sterne auf einem solchen Kreis dieselbe Abweichung haben, die wir gleich definieren werden.

Der größte unter diesen Abweichungsparallelen, gleich weit vom Nordpol wie vom Südpol des Himmels entfernt, ist der *Himmelsäquator.* Eine Ebene durch den Himmelsäquator schneidet die Erde im Erdäquator (Abb. 34). Nun ist die Himmelskugel wieder mit einem Netz von Kreisen überzogen, die wir nur noch geeignet numerieren müssen.

Jedes Gestirn wird durch folgende zwei Koordinaten festgelegt:

– *Abweichung* oder Deklination ist der Senkrechtabstand des Gestirns vom Himmelsäquator, gemessen auf dem Stundenkreis des Gestirns.

Der Abweichung entspricht auf der Erde die geographische Breite. Ein Fixstern, der eine bestimmte Abweichung hat, behält sie; der Abweichungsparallel ist seine Bahn bei dem täglichen Umschwung des Himmelsgewölbes.

Die Abweichung zählt in Graden von 0° (Äquator) bis 90° (Pol). Steht das Gestirn nördlich des Himmelsäquators, heißt die Abweichung Nord (N), steht es südlich, heißt die Abweichung Süd (S).

Für die Abweichung wird der griechische Buchstabe δ (delta) benutzt. Beispiel:

Arcturus: ✶ δ = 19° 19′ N
Sirius: ✶ δ = 16° 41′ S

– Die zweite Koordinate ist der *Ortsstundenwinkel.* Nehmen wir den Himmelsmeridian als Nullstundenkreis, so ist der Ortsstundenwinkel t = Winkel am Pol zwischen dem oberen Meridian und dem Stundenkreis des Gestirns.

Oberer Meridian ist die Hälfte des Himmelsmeridians vom Nordpol über den Zenit zum Südpol.

Die andere Hälfte, also der Halbkreis vom Nordpol über den Nadir zum Südpol, heißt *unterer Meridian* (Abb. 35).

Den Ortsstundenwinkel t zählt man vom oberen Meridian von 0° bis 360° im Sinne des täglichen Umschwunges der Himmelskugel (Abb. 36). Man kann

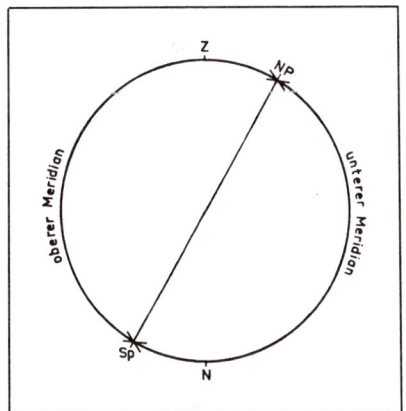

Abb. 35   Oberer und unterer Meridian

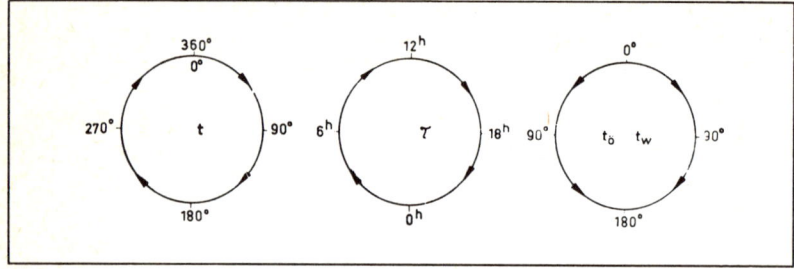

Abb. 36 Zählung des Ortsstundenwinkels und des Zeitwinkels

auch den Winkel zwischen dem unteren Meridian und dem Stundenkreis des Gestirns nehmen.

Er heißt *Zeitwinkel* und wird meist im Zeitmaß von 0^h bis 24^h gezählt. Für den Zeitwinkel benutzt man den griechischen Buchstaben τ (tau).

Im nautisch-astronomischen Grunddreieck werden wir noch eine dritte Zählung verwenden müssen: vom oberen Meridian halbkreisförmig von $0°$ bis $180°$ östlich und westlich herum. Wir werden dann von einem östlichen Stundenwinkel $t_ö$ und einem westlichen Stundenwinkel t_w sprechen.

Man sieht leicht, daß folgende Beziehungen zwischen diesen Zählweisen bestehen:

$$t_w = t$$
$$t_ö = 360° - t$$

Beispiel:

$t_w = 60°$ $\qquad$ $t = 60°$

$t_ö = 60°$ $\qquad$ $t = 300°$

$\tau = 4^h$ $\qquad$ $t = 240°$ $\qquad$ $t_ö = 120°$

Noch eine Vokabel: Der Stundenkreis durch den Ost- bzw. Westpunkt heißt *Sechsuhrkreis.*

3. Das Koordinatensystem des Frühlingspunktes

Erfüllen die nun eingeführten Koordinaten δ und t unsere Forderung nach einer festbleibenden „Adresse" des Fixsterns? Wir stellten schon fest, daß dies für δ zu bejahen ist. Aber das t des Sterns ändert sich, es wächst mit

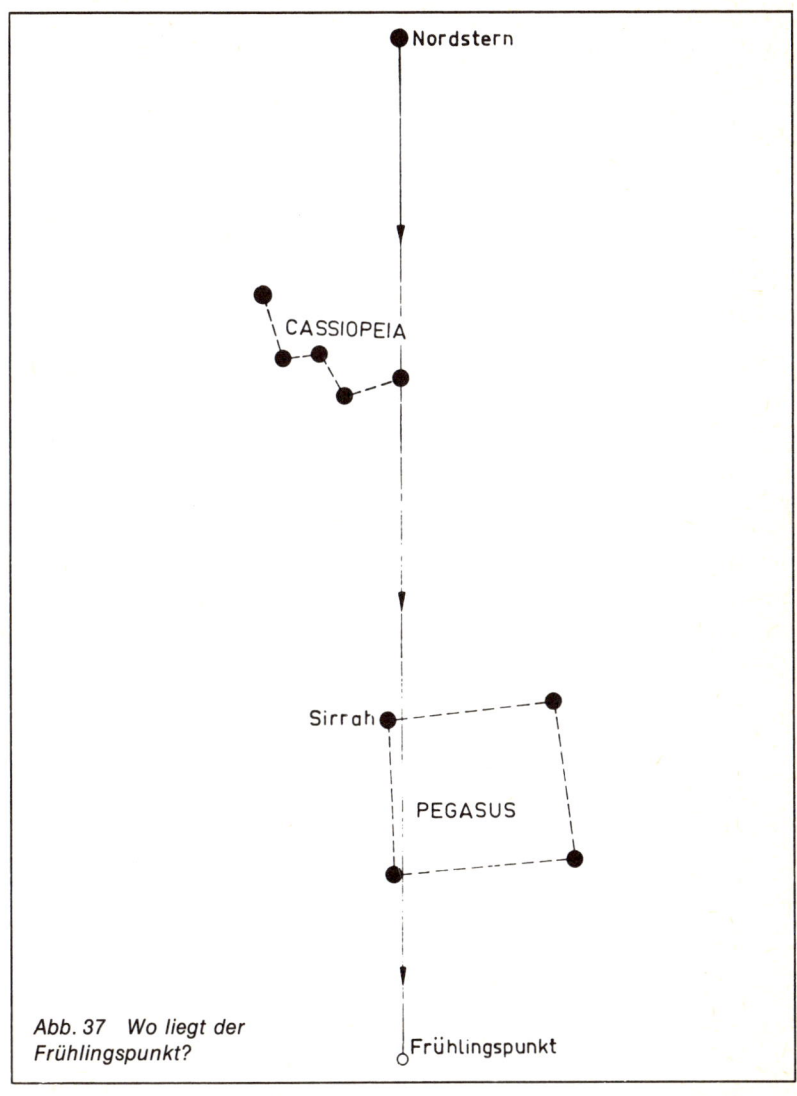

Abb. 37 Wo liegt der
Frühlingspunkt?

fortschreitender Zeit, weil wir es von dem oberen Meridian aus messen, einer Linie, die mit dem Beobachter fest liegenbleibt, während die Himmelskugel sich dreht.

Um zu einer sich nicht ändernden Koordinate zu kommen, müssen wir den Stundenwinkel von einem Stundenkreis aus zählen, der am Himmel festgelegt ist und mitwandert, durch einen Fixstern oder jedenfalls einen wohldefinierten Punkt des Himmelsgewölbes geht.

Als solchen Punkt nimmt man die Stelle, an der die Sonne bei Frühlingsanfang steht, den *Frühlingspunkt,* der auch *Widderpunkt* heißt, weil er bei seiner „Taufe" vor einigen tausend Jahren im Sternbild des Widders lag. Sein Zeichen ist daher das Zeichen des Widders: ♈.

Dieser Frühlingspunkt kann praktisch als am Himmel festliegend angesehen werden. Er befindet sich im Sternbild der Fische. Man findet ihn mit der Suchlinie in Abb. 37 vom Polarstern über die Cassiopeia und Pegasus.

Der Stundenkreis durch den Frühlingspunkt wird nun als Null-Stundenkreis ausgewählt, und von ihm aus werden die Stundenkreise von 0° bis 360° im Sinne des täglichen Umschwunges durchgezählt.

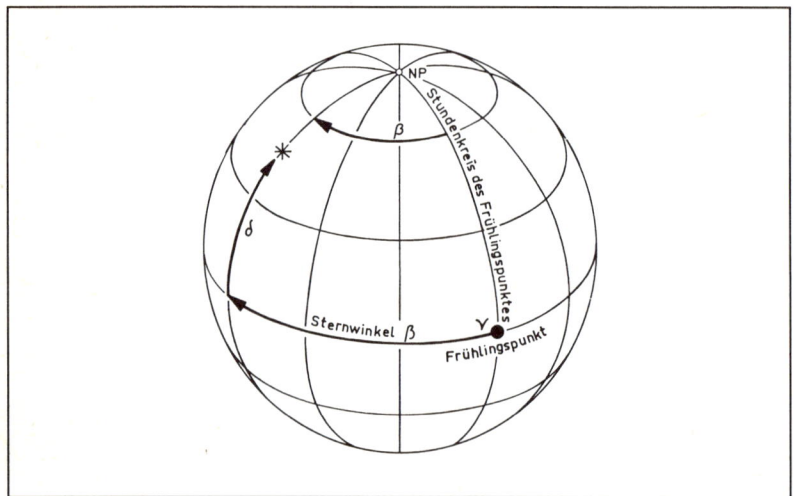

Abb. 38   Koordinaten δ, β im 3. System

Den Winkel am Pol zwischen dem Stundenkreis des Frühlingspunktes und dem Stundenkreis des Gestirns nennen wir *Sternwinkel.* Entsprechend könnten wir den Bogen auf dem Himmelsäquator vom Frühlingspunkt bis zum Stundenkreis des Gestirns als Sternwinkel definieren.

Der Sternwinkel wird mit dem griechischen Buchstaben β (beta) bezeichnet (Abb. 38).

Abweichung und Sternwinkel sind nun die festbleibenden Koordinaten eines Punktes am Himmel, eines Fixsterns zum Beispiel, die in einem Sternkatalog und im Nautischen Jahrbuch angegeben werden können.

In der Fachastronomie wird der Winkel am Pol *gegen* den Sinn des täglichen Umschwunges gezählt. Der Winkel heißt dort *Geradeaufsteigung* oder *Rektaszension* und wird mit dem griechischen Buchstaben α (alpha) bezeichnet.

Vor 1953 brachte auch das Nautische Jahrbuch α. Es hängt mit β zusammen nach der leicht zu bestätigenden Formel

$$\beta = 360° - \alpha$$

Die Geradeaufsteigung wurde gegen den Uhrzeigersinn gezählt, weil auf diese Weise die wichtige Sonne eine wachsende Koordinate im Laufe des Jahres erhielt.

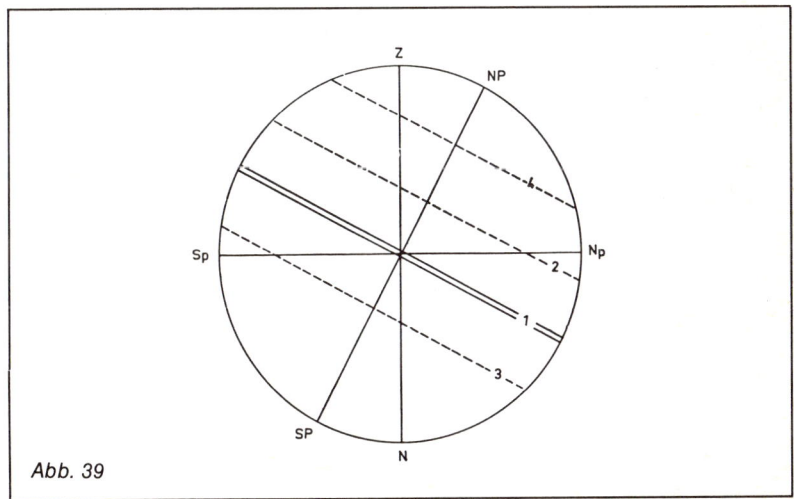

Abb. 39

55

Noch ein paar Vokabeln:

Die tägliche Bahn eines Gestirns bei dem täglichen Umschwung des Himmelsgewölbes, also der Abweichungsparallel des Gestirns, wird manchmal ganz oberhalb des Horizonts liegen; dann sprechen wir von *Zirkumpolarsternen* (Fall 4 in Abb. 39). Solche Zirkumpolarsterne sind in unseren Breiten z. B. die Sterne des Großen Himmelswagens. Oder aber der Abweichungsparallel schneidet den Horizont, das heißt ein Teil liegt oberhalb des Horizontes, ein Teil unterhalb. Wir sprechen dann, von der Sonne übernommen, vom *Tagbogen* und *Nachtbogen* des Gestirns.

Einmal erreicht der Stern auf seiner Bahn eine größte Höhe, er *kulminiert.* Er passiert dann den Himmelsmeridian.

Entsprechend spricht man bei dem Erreichen des tiefsten Punktes der Bahn von der *unteren Kulmination,* während der erste Durchgang dann genauer *obere Kulmination* genannt werden muß. Statt Kulmination wird auch der Ausdruck Meridiandurchgang benutzt.

Nun verstehen wir die Bezeichnungen oberer und unterer Meridian.

Das nautisch-astronomische Grunddreieck

Bringen wir nun einmal die beiden Koordinatensysteme des Horizontes und des Himmelsäquators in einer Figur unter. Legen wir dabei den Himmelsmeridian in die Zeichenebene. Durch das Gestirn gehen dann vier Kreise. Welche?

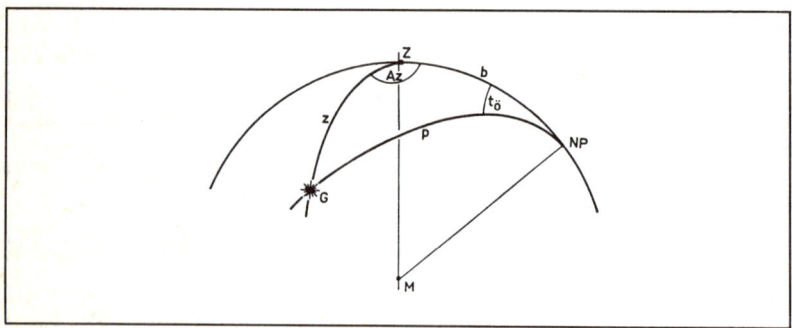

Abb. 40   Nautisch-astronomisches Grunddreieck

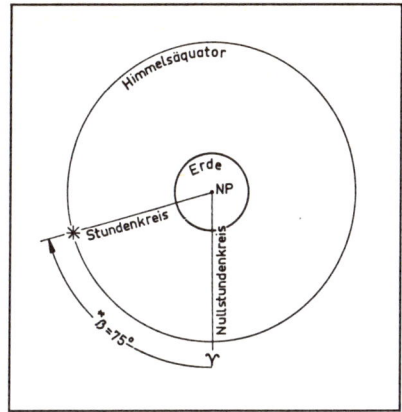

Abb. 41   Pol-Figur mit Definition des Sternwinkels

Höhenparallel, Vertikalkreis, Abweichungsparallel und Stundenkreis.
Es zeichnet sich in dieser Figur ein Dreieck ab, das unseren Rechnungen zugrunde liegen wird, das *nautisch-astronomische Grunddreieck* (Abb. 40).
Es wird von den Punkten Zenit – Pol – Gestirn gebildet und enthält alle für uns wichtigen Koordinaten. Denn ZG, der Abstand des Gestirns vom Zenit, seine *Zenitdistanz* (z), ist die Ergänzung der Höhe h zum Viertelkreis 90°, das Komplement der Höhe.

$$z = 90° - h$$

NPG, der Abstand des Gestirns vom Pol, seine *Poldistanz* (p), ist das Komplement der Abweichung δ.

$$p = 90° - \delta$$

ZNP, der Abstand des Pols von dem Zenit, die *Polzenitdistanz* (b), ist das Komplement der Breite.

$$b = 90° - \varphi$$

Der Winkel am Zenit ist das Azimut (Az), und der Stundenwinkel (t) steht in engstem Zusammenhang mit der Zeit.

Üben wir das:

1. Zeichne die Figuren dieses Paragraphen unter stets wechselnden Größen der Koordinaten, auch für Sonderfälle.

2. Zeichne dieselben Figuren, indem andere Kreise in die Zeichenebene gelegt werden, also z. B. statt Himmelsmeridian den Himmelsäquator. Im Mittelpunkt liegt dann der Pol. Alle Stundenkreise sind Radien, alle Abweichungsparallele konzentrische Kreise.

Diese Zeichnungsart eignet sich besonders für die Erläuterung von Zeitbegriffen.

Abb. 41 erläutert z. B. anschaulich den Begriff des Sternwinkels.

Das Entnehmen der Gestirnskoordinaten aus dem Nautischen Jahrbuch

Die Koordinaten der Gestirne nennt uns das Nautische Jahrbuch, das für jedes Jahr vom Deutschen Hydrographischen Institut berechnet und herausgegeben wird.

Das Nautische Jahrbuch nennt für die wichtigsten Fixsterne Abweichung und Sternwinkel für jeden zweiten Tag. Für die Sonne, den Mond sowie die Planeten Venus, Mars, Jupiter und Saturn werden für jede volle Stunde die Abweichung und der Ortsstundenwinkel für den Meridian von Greenwich, kurz Greenwicher Stundenwinkel (t_{Gr}) angegeben. Außerdem der Greenwicher Stundenwinkel des Frühlingspunktes, ebenfalls für jede volle Stunde MGZ. Mit Hilfe einer (grünen) Schalttafel kann auf Minuten und Sekunden der MGZ zwischengeschaltet werden.

Führen wir das Entnehmen an einzelnen Fällen ausführlich durch.

1. Fixsterne

δ und β werden jeweils für etwa 50 Fixsterne angegeben, die aber nur eine Nummer tragen. Welcher Stern sich unter der Nummer verbirgt, ersehen wir aus dem gelben Einlageblatt oder der gleichlautenden roten Liste zu Beginn des Jahrbuches. Die Sterne sind in dieser Liste nach abnehmendem Sternwinkel geordnet. Die Liste gibt mittlere Orte für das betreffende Jahr an. Sie sagt uns auch, welche Helligkeit der Stern hat.

Beispiel:

Welches δ und β hat Sirius am 20. 4. 73?

Sirius, der Hauptstern des Sternbildes Großer Hund (α-Canis majoris) hat die Nummer 29 und die mittleren Koordinaten

$$\delta = \quad 16° \ 40,8' \ S$$
$$\beta = 259° \quad 0,0'$$

Schlagen wir den 19. 4. 73 auf, so finden wir unter Nr. 29 im Mittelteil zwischen den Seiten für den 19. und 20. April unter 29:

$$\delta = 16° \, 40,9' \, S$$
$$\beta = 259° 0,4'$$

Also nur unbedeutend abweichende Werte.

● Übungsaufgaben

Welche Koordinaten haben
1. Wega am 19. 4. 73?
2. Spika am 17. 6. 73?

2. Sonne

Wie schon gesagt, gibt das Jahrbuch für jeden Tag und jede volle Stunde MGZ δ und t_{Gr} der Sonne an.

Mit Hilfe der grünen Schalttafeln, die hinter dem Koordinatenteil eingeheftet sind, finden wir den „Zuwachs", den wir zu dem Wert von t_{Gr}, den wir für die volle Stunde MGZ entnommen haben, addieren müssen, um den Wert von t_{Gr} für die genaue MGZ nach Minuten und Sekunden zu erhalten.

Beachte, daß in der Schalttafel mehrere Spalten vorhanden sind! Wir müssen in die Spalte *Sonne* eingehen.

Wie berichtigen wir den Wert der Abweichung? Die Abweichungsspalte im Jahrbuch enthält unten einen Wert „Unt". Mit diesem Wert entnehmen wir aus den letzten Spalten der grünen Seite der Schalttafel, die wir für die Minutenzahl der MGZ aufschlagen, einen Verbesserungswert „Verb", der zu addieren oder subtrahieren ist, je nachdem, ob die Abweichung der Sonne zu- oder abnimmt.

Beispiel:

Wie groß sind t_{Gr} und δ der Sonne am 19. 4. 73 zur MGZ $= 4^h \, 53^m \, 44^s$?

Für den 19. 4. finden wir für die MGZ $= 4^h$:

$$t_{Gr} = 240° \, 11,9'$$

Auf der Seite 53^m in den Schalttafeln steht als Zuwachs für 44^s: $13° \, 26,0'$.

Es ist also

4^h: $\odot t_{Gr}$	$=$	$240° \, 11,9'$
Zuwachs für $53^m \, 44^s$	$=$	$13° \, 26,0'$
$4^h \, 53^m \, 44^s$: $\odot t_{Gr}$	$=$	$253° \, 37,9'$

Für MGZ $= 4^h$ ist $\odot \delta = 11° 6,5' \, N$ und der Wert „Unt" $= 0,9$, also für MGZ $= 4^h \, 53^m \, 44^s$

$$\odot \delta = 11° \, 7,4' \, N$$

● Übungsaufgaben

Bestimme t_{Gr} und δ der Sonne

1. für	1. 1. 73 MGZ =	20^h 9^m 16^s
2.	1. 3. 73 MGZ =	0^h 10^m 52^s
3.	10. 10. 73 MGZ =	18^h 0^m 33^s

3. Mond

Den Greenwicher Stundenwinkel des Mondes entnehmen wir wieder für die volle Stunde der MGZ und fügen einen Zuwachs hinzu für die Minuten und Sekunden der MGZ, den wir der Schalttafel entnehmen (Spalte Mond). Es muß aber außerdem noch eine Verbesserung (Verb) angebracht werden. Man findet sie, indem man den Wert Unt benutzt, der neben dem t_{Gr} für die volle Stunde angegeben ist.

Wie groß ist z. B. der Greenwicher Stundenwinkel des Mondes am 19. 4. 73 zur MGZ = 18^h 54^m 7^s?

Am 19. 4. zur MGZ = 18^h finden wir im Jahrbuch

$$\text{☽} \; t_{Gr} = 247°\; 3,2' \quad Unt = 11,5'$$

In der Schalttafel finden wir für 54^m 7^s den Zuwachs = $12°$ $54,8'$.

In der Spalte Unt gehen wir hinunter bis zum Unt = 11,5. Wir entnehmen als Verb für 11,5 den Wert 10,4'.

Dann gilt:

18^h ☽t_{Gr}	=	247° 3,2'
Zuwachs	=	12° 54,8'
Verb	=	10,4'
18^h 54^m 7^s ☽t_{Gr}	=	260° 8,4'

Nun noch die Abweichung δ:

18^h ☽ δ = 22° 17,8'   Unt = 5,8', δ nimmt zu.

Für Unt 5,8 ist Verb	=	+ 5,2'
18^h 54^m 7^s ☽ δ	=	22° 23,0'

● Übungsaufgabe

Wie groß sind t_{Gr} und δ des Mondes am 20. 8. 73 zur MGZ = 11^h 11^m 11^s?

4. Planeten

Es seien die Koordinaten t_{Gr} und δ der Venus zu entnehmen für die MGZ = $5^h\ 55^m\ 55^s$ am 19. 4. 73.
Für die volle MGZ = 5^h am 19. 4. gibt das Jahrbuch

$$♀\ t_{Gr} \quad = \quad 252°\ 32,3' \quad \text{Unt} \quad = \quad -0,5'$$
$$♀\ \delta \quad = \quad 11°\ 5,3'\,\text{N} \quad \text{Unt} \quad = \quad 1,1'\ \delta \text{ nimmt zu.}$$

Der Zuwachs für t_{Gr} beträgt für $55^m\ 55^s$ (Spalte Sonne, Planeten) $13°\ 58,8'$.
Für den Unt = $-0,5$ ergibt sich die Verbesserung $0,5'$. Sehen wir außerdem gleich für δ nach, welche Verb der Unt $1,1$ ergibt. Die Verb ist $0,9'$.

Nun können wir schreiben:

$5^h\ ♀\ t_{Gr}$	=	$252°\ 32,3'$
für $10^m\ 55^s$ Zuwachs	=	$13°\ 58,8'$
Verb	=	$-\ 0,5'$
$5^h\ 55^m\ 55^s\ ♀\ t_{Gr}$	=	$266°\ 30,6'$
$5^h\ ♀\ \delta$	=	$11°\ \ 5,3'\,\text{N}$
Verb	=	$+\ 1,0'$
$5^h\ 55^m\ 55^s\ ♀\ \delta$	=	$11°\ 6,3'\,\text{N}$

● Übungsaufgabe

Es sind die Koordinaten t_{Gr} und δ des Saturn zu entnehmen für die MGZ = $14^h\ 15^m\ 16^s$ am 17. 1. 73.

Übergang vom Greenwicher Stundenwinkel auf den Ortsstundenwinkel

Da wir mit unserer Yacht aber nicht gerade auf dem Meridian von Greenwich stehen, die Länge 0° haben, müssen wir den Jahrbuchwert t_{Gr} noch umrechnen auf den Meridian unseres Ortes. Dieser *unser* Ortsmeridian liegt um den Betrag der Länge östlich oder westlich vom Greenwicher Meridian.
Wie Abb. 42 zeigt, muß der Greenwicher Stundenwinkel um den Betrag der Länge vergrößert werden, wenn wir östlich vom Greenwicher Meridian, das heißt auf Ost-Länge stehen, verkleinert demnach, wenn unsere Länge West ist.

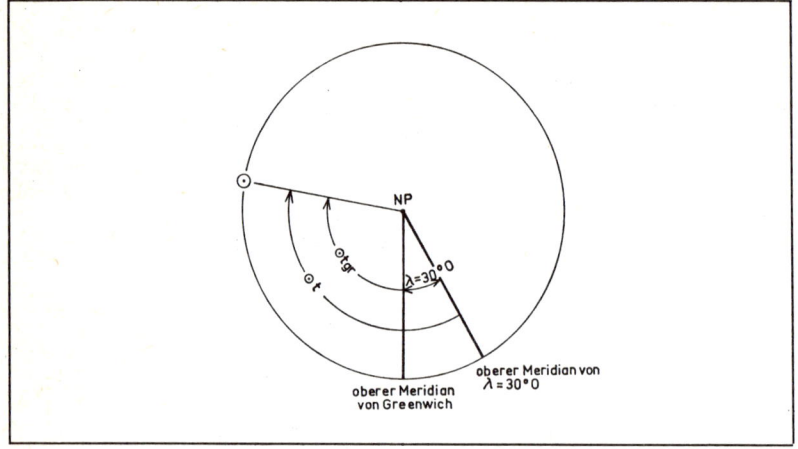

Abb. 42

Steht die Yacht z. B. auf 54° 45′ N 17° 10′ O und aus dem Jahrbuch ist t_{Gr} = 225° 34,5′ entnommen, so ist der Ortsstundenwinkel

$$\begin{array}{ll} t_{Gr} & = 225° \ 34,5′ \\ \lambda & = \ \ 17° \ 10′ \quad O \\ \hline t & = 242° \ 44,5′ \ O \end{array}$$

Stünden wir auf 60° 18′ W, so ergäbe sich:

$$\begin{array}{ll} t_{Gr} & = 225° \ 34,5′ \\ \lambda & = \ \ 60° \ 18′ \quad W \\ \hline t & = 165° \ 16,5′ \end{array}$$

● Übungsaufgaben

1. Es ist $\ast$ t_{Gr} = 117° 55,0′. Welcher Ortsstundenwinkel ergibt sich für λ = 5° 17′ O?

2. Es ist $\ast$ t_{Gr} = 270° 16,5′. Welcher Ortsstundenwinkel ergibt sich für λ = 55° 55′ W?

Übergang vom Ortsstundenwinkel auf den östlichen oder westlichen Stundenwinkel

Im nautisch-astronomischen Grunddreieck ist die halbkreisige Zählung des Stundenwinkels vom oberen Meridian über Ost oder West von 0° bis 180° erforderlich.

Für den Übergang vom vollkreisig gezählten Ortsstundenwinkel t zum östlichen bzw. westlichen Stundenwinkel $t_ö$ oder t_w gilt, wie man leicht einsieht (Abb. 43), die Regel:

Bei Ortsstundenwinkeln von 0° bis 180° ist $t_w = t$ ($\odot$ 1).

Bei Ortsstundenwinkeln von 180° bis 360° ist $t_ö = 360° - t$ ($*$ 2).

Ist z. B. t = 35° 20′, so steht das Gestirn westlich, der westliche Stundenwinkel ist

$$t_w = 35° 20′$$

Ist t = 310° 50′, so handelt es sich um ein östlich stehendes Gestirn, das heißt es ist

$$t_ö = 49° 10′$$

● Übungsaufgaben

1. Es ist t = 55° 16′. Wie groß ist $t_ö$ oder t_w?
2. Es ist t = 350° 10′. Wie groß ist $t_ö$ bzw. t_w?

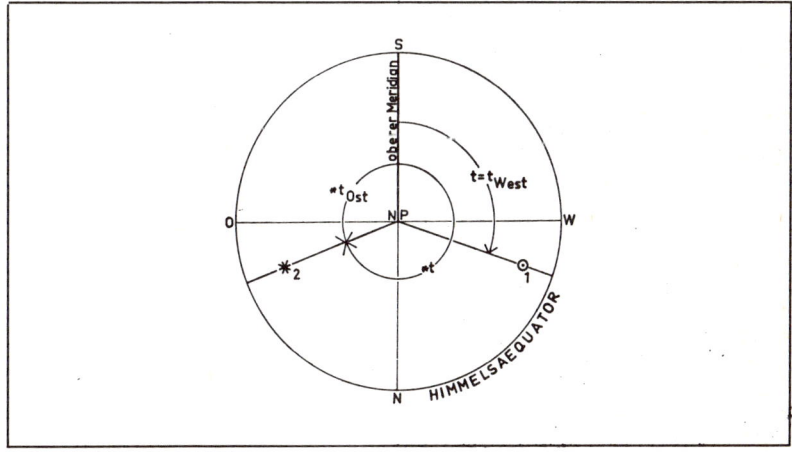

Abb. 43   Übergang von t zu $t_ö$ oder t_w

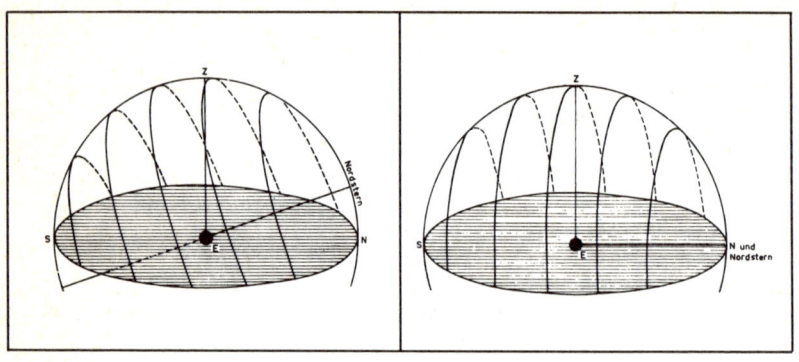

Abb. 44 φ = 20° N   *Abb. 45* φ = 0°

Ein Ausflug

Je weiter wir zum Äquator kommen, desto mehr sinkt der Polarstern zur Kimm, desto steiler werden die Bahnen der Sterne. Da die Polhöhe gleich der geographischen Breite ist, sieht unsere Figur auf φ = 20° N so aus, wie Abb. 44 zeigt.

Und am Äquator selbst? Hier fallen Nordpol und Nordpunkt zusammen, die Weltachse liegt waagerecht (Abb. 45). Senkrecht steigen die Gestirne auf, senkrecht gehen sie unter. Der Erste Vertikal fällt mit dem Äquator, der Sechsuhrkreis mit dem Horizont zusammen.

Überschreiten wir den Äquator, können wir den Nordpol nicht mehr sehen, im Süden taucht der Südpol über die Kimm auf.

Und wie sieht es am Nordpol aus? Nun liegt der Himmelsnordpol im Zenit (Abb. 46).

Alle Gestirne beschreiben Bahnen parallel zur Kimm, Abweichungsparallel und Höhenparallel sind dasselbe. Ein Stern ist entweder immer sichtbar, also zirkumpolar, oder niemals. Man kann nur Sterne nördlicher Abweichung sehen.

Übe derartige Gedankengänge!

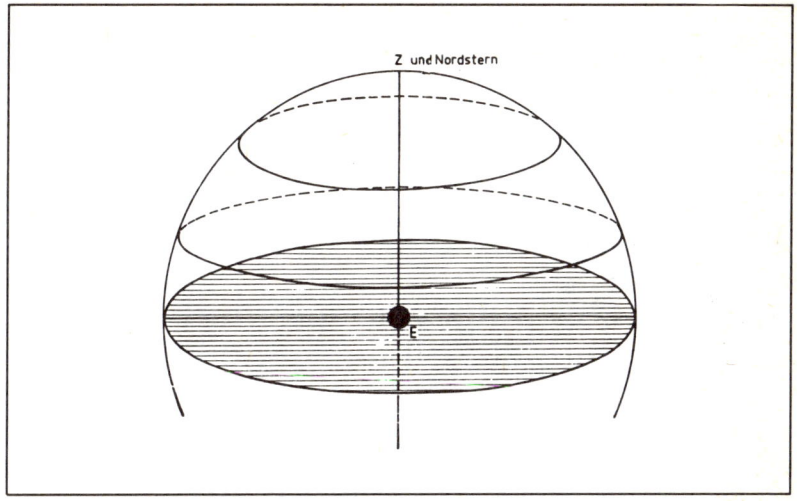

Abb. 46 φ = 90° N

VON DER ZEIT

Mittlere und wahre Zeit

Unter „Zeit" verstehen wir entweder einen Zeitraum (z. B. 7 Stunden) oder einen Zeitpunkt (3 Uhr).

Wir machen unsere Zeitangaben nach der regelmäßigsten Bewegung, die wir kennen, nach der Drehung der Himmelskugel, also nach den Bewegungen der Fixsterne oder im täglichen Leben nach der Sonne.

Die Zeit von einer unteren Kulmination eines Gestirns (Durchgang durch den Himmelsmeridian) bis zur nächsten unteren Kulmination nennen wir *Tag.*

Benutze ich für meine Tag-Definition einen Fixstern, der immer dieselbe Stellung am täglich umschwingenden Fixsternhimmel hat, so erhalte ich zu jeder Zeit für den Zeitraum Tag denselben Wert. Nennen wir ihn *Sterntag.*

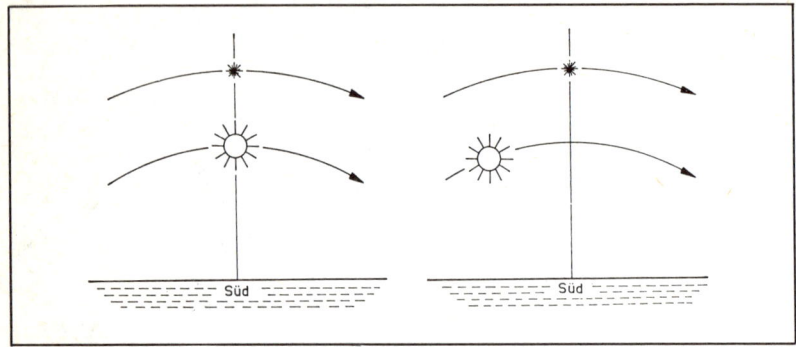

Abb. 47   Sterntag ǂSonnentag

Wollen wir uns jedoch nach der Sonne richten, so erhalten wir für einen *Sonnentag* einen etwas vom Sterntag abweichenden Zeitraum. Denn die Sonne wandert ja in dieser Zeit auf der Ekliptik zwischen den Fixsternen, und zwar gegen den täglichen Umlaufsinn der Sterne von West nach Ost. Da sie in einem Jahr die ganze Ekliptik, also 360° durchläuft, kommt sie in einem Tag, dem 365. Teil des Jahres, etwa 360 : 365 = 1° weiter. Passieren also heute z. B. ein Fixstern und der Mittelpunkt der Sonne gleichzeitig den oberen Meridian (leider nicht beobachtbar, aber im Planetarium sehr gut demonstrierbar, weil die Sonne als mattleuchtende Scheibe dargestellt wird), so werden sie am nächsten Tag nicht mehr zur gleichen Zeit kulminieren, denn inzwischen ist die Sonne um 1° gegen den Fixstern nach Ost weitergewandert. Sie wird bis zur Kulmination noch 1° weiterwandern müssen, wenn der Stern bereits kulminiert. Das dauert vier Minuten. Der *Sonnentag* ist also vier Minuten länger als der Sterntag (Abb. 47).

Da die Sonne unser tägliches Leben bestimmt (Mittag, Vormittag, Nachmittag), können wir nicht nach Sternzeit rechnen, denn unsere Zeitangaben nach Sternzeit würden schnell mit der Sonne aus dem Takt kommen, sie würde nicht mehr um 12ʰ durch den oberen Meridian gehen usw. Wir benutzen daher die *Sonnentage.*

Einen Sonnentag teilen wir in 24 Stunden, jede Stunde in 60 Minuten, jede Minute in 60 Sekunden ein. Die Stunden zählen wir in alter Gewohnheit zwar immer noch von 0ʰ bis 12ʰ vormittags und 0ʰ bis 12ʰ nachmittags. Aber die offizielle Teilung zählt von 0ʰ bis 24ʰ. Dem schließen wir uns in der Navigation an. Zeitangaben nach der Sonne heißen *wahre* Zeit.

Nun bewegt sich aber die Sonne durchaus nicht mit gleichförmiger Geschwindigkeit auf der Ekliptik, sondern im Winter schneller, im Sommer langsamer als die gleichmäßige Bewegung, die wir bei Teilung des Jahres in 365 Tage und eines Tages in 24 Stunden annahmen. Der Grund ist, daß die Sonne im Brennpunkt einer Ellipsenbahn, nicht im Mittelpunkt einer Kreisbahn steht. Außerdem ist die Ekliptik gegen den Äquator geneigt, und gleichen Stücken des Äquators entsprechen nicht immer gleiche Teile der Ekliptik.

Da einer Uhr verschieden lange Tage und Stunden praktisch unmöglich zugemutet werden können, hat man für unsere Zeitrechnung eine gedachte *mittlere Sonne* eingeführt, die erstens auf dem Äquator und zweitens in dieser Bahn mit vollkommen gleichförmiger Geschwindigkeit in derselben Zeit umläuft, in der die wahre Sonne die Ekliptik durchläuft.

Die Zeit zwischen zwei unteren Kulminationen der mittleren Sonne ist dann ein *mittlerer Sonnentag.* Wieder teilen wir ihn in 24 Stunden, jede Stunde in 60 Minuten, jede Minute in 60 Sekunden ein und sprechen bei Zeitangaben nach der mittleren Sonne von *mittlerer Zeit.*

Versetzen wir uns einmal in den Himmelsnordpol. Durch den Nordpol gehen Großkreise nach allen Richtungen, die Stundenkreise. Einer von ihnen ist der Himmelsmeridian, nach der einen Seite der untere, nach der anderen Seite oberer Meridian genannt.

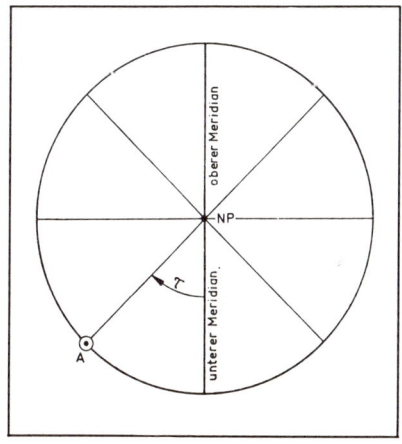

Abb. 48   Zeitwinkel

Steht die Sonne in Abb. 48 z. B. in A, geht durch sie ein Stundenkreis hindurch. Der Winkel am Pol zwischen diesem Stundenkreis und dem unteren Meridian gibt uns dann ein Maß dafür, wie weit die Sonne auf ihrem täglichen Umlauf seit der unteren Kulmination bereits gewandert ist, das heißt „wieviel Uhr" es ist. Daher bekam dieser Winkel den Namen *Zeitwinkel* (τ). Dieser Stundenkreis der Sonne ist gewissermaßen der Zeiger unserer „Uhr".

Wir definieren: Zeitwinkel der Sonne = „Zeit".

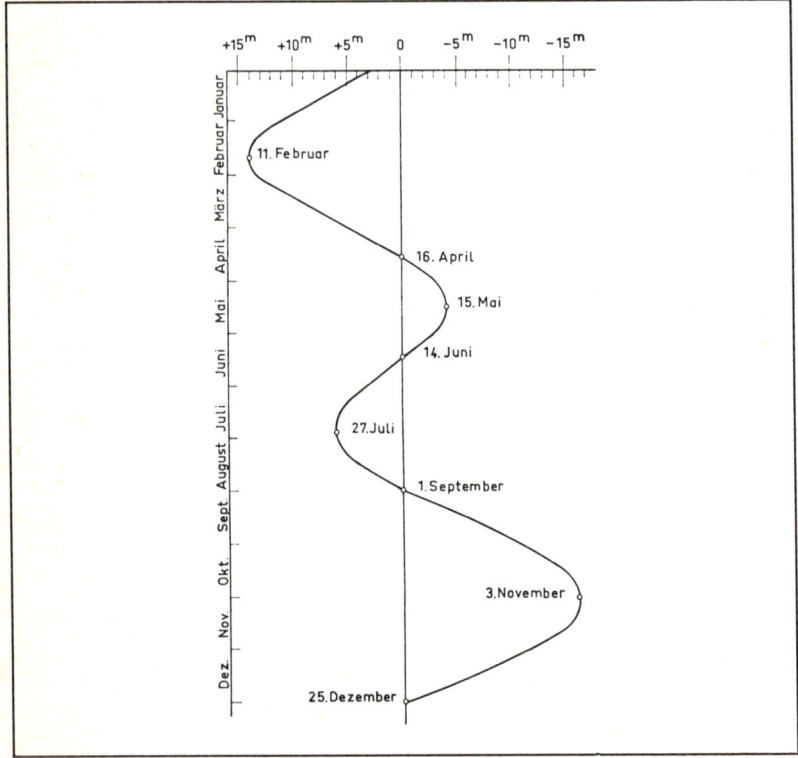

Abb. 49   Verlauf der Zeitgleichung

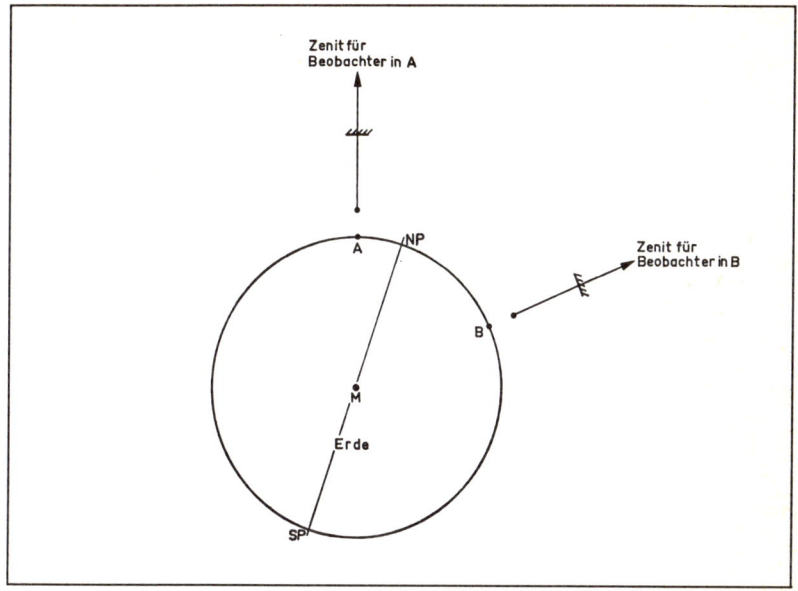

Abb. 50   Jeder Beobachter hat seinen Zenit

Benutzen wir die *wahre* Sonne, so erhalten wir die *wahre* Zeit, benutzen wir die *mittlere* Sonne, sprechen wir von *mittlerer* Zeit. Wir definierten auf Seite 52:

Zeitwinkel = Winkel am Pol zwischen dem Stundenkreis des Gestirns und dem unteren Meridian des Ortes.

Der Zeitwinkel der wahren Sonne heißt wahre Ortszeit, abgekürzt WOZ. Der Zeitwinkel der mittleren Sonne heißt mittlere Ortszeit, abgekürzt MOZ. WOZ und MOZ sind nun natürlich im allgemeinen nicht gleich. Manchmal wird die mittlere Sonne voraus sein, manchmal die wahre. Den daraus folgenden Unterschied zwischen den Zeitangaben nach wahrer und mittlerer Sonne (Abb. 49) nennt man *Zeitgleichung* (e). Die Werte der Zeitgleichung kann man dem Nautischen Jahrbuch (roter Teil) entnehmen. Sie können bis zu 16 Zeitminuten betragen. Das Vorzeichen wird so gewählt, daß man durch Anbringen des e an die Zeitangaben in WOZ die Angaben in MOZ erhält:

$$WOZ + e = MOZ$$

Achtung: Seit 1977 sind im Nautischen Jahrbuch Vorzeichen geändert!

Allen nautischen Rechnungen liegt die mittlere Zeit zugrunde.

Ortszeit

Als Beginn des Tages setzten wir die Zeit der unteren Kulmination der Sonne fest, das heißt den Zeitpunkt, da die Sonne den Himmelsmeridian, und zwar den unteren Meridian passiert.

Da der Himmelsmeridian durch den Zenit des Beobachters und den Himmelspol festgelegt ist, jeder Beobachter aber seinen eigenen Zenit senkrecht über sich hat, hat *jeder Beobachter* seinen *eigenen Himmelsmeridian.* Daher sind auch für einen bestimmten Augenblick die Zeitangaben an verschiedenen Orten der Erde verschieden, das heißt jeder Ort hat seine *Ortszeit.*

Die Zeit östlicher gelegener Orte ist der Zeit westlicher gelegener Orte voraus. In östlicher gelegenen Gebieten steht die Sonne früher in oberer Kulmination, ist es eher Mittag als in westlicher gelegenen. Zu ihnen kommt

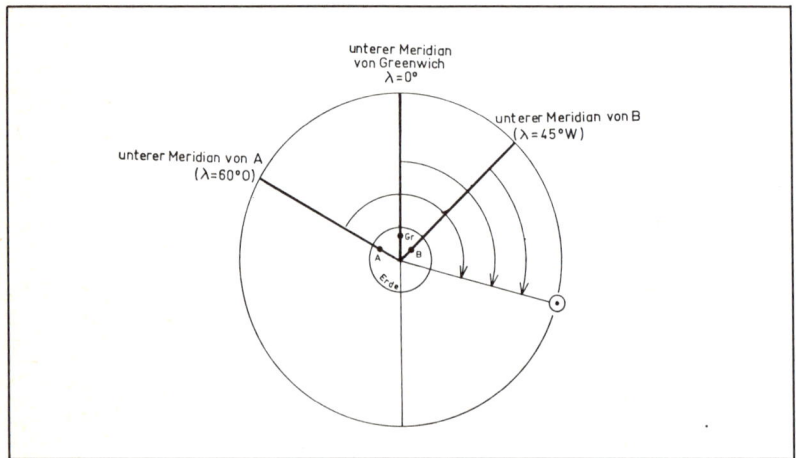

Abb. 51   Zeitangaben auf Orten verschiedener Länge:
für A: WOZ = 11^h, für Gr: WOZ = 7^h, für B: WOZ = 4^h

die Sonne im weiteren Umschwung der Zeit. Ist in Berlin Mittag, ist in Westeuropa noch Vormittag, in Sibirien dagegen schon Nachmittag (Abb. 51).

Für alle Orte derselben Länge ist die Zeit, der Zeitwinkel der Sonne gleich. Für Orte verschiedener Länge ist die Zeit nicht gleich, es besteht ein *Zeitunterschied* (ZU), der gleich dem Längenunterschied der beiden Orte ist, in Zeitmaß umgerechnet. Gehe ich zu einem östlicher gelegenen Ort, ist dort spätere Zeit, ich muß den Zeitunterschied ZU addieren; gehe ich umgekehrt zu einem westlicher gelegenen Ort, ist der Zeitunterschied zu subtrahieren.

Regel für Zeitverwandlungen:

ZU addieren, wenn Übergang zur Zeit eines östlicher gelegenen Ortes.
ZU subtrahieren, wenn Übergang zur Zeit eines westlicher gelegenen Ortes.

Zonenzeit

Da die mittlere Ortszeit von Meridian zu Meridian verschieden ist, wie wir eben feststellten, ist sie für das bürgerliche Leben innerhalb eines Landes absolut unbrauchbar. Man mußte *gesetzliche Zeiten* einführen.
Da 15° Längenunterschied einen Zeitunterschied von einer Stunde bedeuten, war es zweckmäßig, alle 15° Längenunterschied die Einheitszeit zu wechseln, innerhalb der Zone von 15° aber dieselbe Zeit gelten zu lassen. Diese *Zonenzeit* wird in der Seefahrt durchgehend benutzt. Über Land können politische Grenzen zu Abweichungen zwingen.
Das würde nun so aussehen:
Zeit des Nullmeridians von Greenwich gilt in einer Zone von $7^1/_2$° West bis $7^1/_2$° Ost.
Zeit des Meridians 15° Ost gilt in einer Zone von $7^1/_2$° bis $22^1/_2$° Ost usw.
Die Zone des Meridians von 15° Ost, der durch Stargard in Pommern geht, umfaßt einen großen Teil von Mitteleuropa. Die Zeit der Zone um 15° Ost heißt daher *mitteleuropäische* Zeit, abgekürzt MEZ. Die MEZ ist durch Gesetz für Deutschland als Einheitszeit festgelegt. Sie gilt aber auch für folgende Länder: Albanien, Belgien, Dänemark, Italien, Jugoslawien, Malta, Niederlande, Norwegen, Sardinien, Schweden, Sizilien, Spanien.

Die anschließende Zone von 30° Ost erfaßt Osteuropa, ihre Zeit heißt daher *osteuropäische Zeit,* abgekürzt OEZ. Sie ist gesetzlich eingeführt z. B. in Griechenland.

Zeitangaben in OEZ unterscheiden sich von denen in MEZ um eine volle Stunde.

Die Zone des Nullmeridians, die an der anderen Seite an unsere MEZ anschließt, erfaßt Westeuropa und heißt daher *westeuropäische Zeit,* abgekürzt WEZ. Sie ist die gesetzliche Zeit z. B. von Frankreich und Island.

Die Zeitangaben in WEZ bleiben um *eine* volle Stunde gegen die Angaben in MEZ, um *zwei* Stunden gegen die Angaben in OEZ zurück.

Auf See führen diese Zonen natürlich keine Namen. Die Anwendung der Zonenzeit ist aber sehr praktisch, da nun alle Schiffe dieselbe oder um eine volle Stunde differierende Zeiten als Bordzeit haben.

Ein Beispiel zeige den Übergang von einer Zonenzeit in eine andere. Wie spät ist es nach westeuropäischer Zeit, wenn es nach osteuropäischer Zeit $18^h 16^m$ ist?

Der Grundmeridian für die osteuropäische Zeit ist 30° Ost, der für die westeuropäische 0°. Dem Längenunterschied von 30° entsprechen zwei Stunden Zeitunterschied zwischen den beiden Zonenzeiten. Der Zeitunterschied von zwei Stunden ist abzuziehen, weil wir zu einem westlicher gelegenen Meridian übergehen.

Also ist die WEZ = $16^h 16^m$.

Die mittlere Zeit des Nullmeridians von Greenwich heißt auch *mittlere Greenwicher Zeit,* abgekürzt MGZ. Für diese MGZ (ab 1982 UT 1 = Universal Time oder Weltzeit eins) werden im Nautischen Jahrbuch alle Koordinaten-Angaben gemacht. Nach dieser MGZ läßt man daher zweckmäßig auch die Chronometer oder Beobachtungsuhren an Bord laufen.

Zeitverwandlungen

Es wird nun oft notwendig sein, von einer Art der Zeitangabe zu einer anderen überzugehen. Üben wir daher die wichtigsten Möglichkeiten an einigen Beispielen:

● 1. MOZ in MGZ

a) Welche MGZ entspricht der MOZ = $17^h 15^m$ auf $\lambda = 15°$ O?

MOZ	= $17^h 15^m$
ZU	= $1^h 00^m$
MGZ	= $16^h 15^m$

Der Zeitunterschied ZU von einer Stunde ist abzuziehen, weil wir von der Zeit des Meridians 15° Ost zu der eines westlicher gelegenen Ortes (Greenwich, λ = 0) übergehen.

b) Welche MGZ entspricht der MOZ = 23^h 50^m am 19. 6. auf λ = 50° 4′ W? Der ZU ist in diesem Falle zu addieren, weil ich zu der Zeit eines östlicher gelegenen Ortes übergehe. Ich komme in diesem Falle auf 27^h. Das ist für Greenwich bereits am folgenden Tage.

MOZ	=	23^h 50^m den 19. 6.
ZU	=	+ 3^h 20^m
MGZ	=	27^h 10^m
	=	3^h 10^m den 20. 6.

Umgekehrt kann die MGZ natürlich auf den vorhergehenden Tag fallen, wenn der ZU größer ist als der Zeitwinkel, von dem er abzuziehen ist. Vorsichtigerweise nehmen wir uns vor, der MGZ immer eine Datumsangabe zuzufügen.

● Übungsaufgaben
Wie groß ist die MGZ für

	MOZ	λ
1.	13^h 59^m 15. 3.	4° 30′ O
2.	0^h 44^m 12. 9.	6° 50′ W

● 2. MGZ in MOZ
Die MGZ sei = 19^h 50^m am 20. 8. auf λ = 85° 14′ W. Wie groß ist die MOZ?

MGZ	=	19^h 50^m den 20. 8.
ZU	=	5^h 41^m
MOZ	=	14^h 9^m den 20. 8.

● Übungsaufgaben
Welche MOZ folgt, wenn

	MGZ	λ
1.	7^h 33^m 2. 8.	8° 30′ O
2.	23^h 55^m 1. 5.	36° 45′ W

● 3. WOZ in MOZ

Um dies auszuführen, müssen wir die Zeitgleichung e kennen. Wir finden sie im Nautischen Jahrbuch in dem Teil mit rotem Papier auf Seite 11.
Ich wiederhole: Im Nautischen Jahrbuch wird das Vorzeichen von e so angegeben, wie man es an der *WOZ* anbringen muß, um zur *MOZ* zu kommen.
Ist zum Beispiel die WOZ = $7^h 16^m$ und man findet e = $- 6^m$, dann finde ich als MOZ:

WOZ	=	$7^h 16^m$
e	=	$- 6^m$
MOZ	=	$7^h 10^m$

● 4. MOZ in WOZ

Wie groß ist die WOZ, wenn die MOZ = $0^h 33^m$ und e = $- 9^m$ ist?
Das e ist in diesem Falle *ab*zuziehen, das heißt mit umgekehrtem Vorzeichen zu addieren. Das sieht so aus:

MOZ	=	$0^h 33^m$
		$+$
entg. e	=	$(-) 9^m$
WOZ	=	$0^h 42^m$

Zeitmesser

Notwendig für die Ausrüstung unseres Schiffes ist eine gute Uhr. Was heißt *gute* Uhr? Nun, wir gehen auf lange Fahrt und müssen verlangen, daß wir uns auf sie auch längere Zeit nach dem letzten Uhrenvergleich noch verlassen können. Denn vielleicht haben wir auf der Reise längere Zeit keine Gelegenheit, die Uhr durch Vergleich mit Zeitzeichen zu kontrollieren. Dabei braucht sie nicht immer den richtigen Wert zu halten, sie darf *gewinnen* oder *verlieren*. Aber wir verlangen, daß dieses Gewinnen oder Verlieren völlig gleichmäßig erfolgt, so daß wir es rechnerisch berücksichtigen können. Oder, um gleich den Fachausdruck einzuführen: Ihr *Gang* muß konstant sein.
Unter *Stand* verstehen wir den Betrag, um den die Anzeige unseres Zeitmessers von der richtigen Zeit abweicht. Er erhält das Vorzeichen +, wenn

man ihn zu der abgelesenen Zeit addieren muß, um die richtige Zeit zu erhalten, das Vorzeichen –, wenn man ihn abziehen muß.

Die tägliche Änderung des Standes ist der *tägliche Gang.* Der Gang erhält das Vorzeichen +, wenn die Uhr ,,nachgeht'', das Vorzeichen –, wenn die Uhr ,,vorgeht''.

Gute Uhren mit konstantem Gang sind die *Chronometer* an Bord der Schiffe der Handelsmarine. Sie sind teuer und werden vom Deutschen Hydrographischen Institut unter scharfen Bedingungen geprüft.

Chronometer werden immer so einreguliert, daß sie MGZ zeigen. Vorschriften für ihre Behandlung geben die großen Lehrbücher der Navigation.

Meist werden wir für unsere Yacht kein Chronometer erwerben. Es genügt in der Tat eine gute Taschenuhr als *Beobachtungsuhr,* die auch geprüft sein sollte. Wir können sie als Chronometer-Ersatz aber nur verwenden, wenn wir sie dauernd durch Zeitzeichen kontrollieren.

Zeitsignale

Um Stand und Gang einer Beobachtungsuhr zu bestimmen, braucht man die ,,richtige'' Zeit, die MGZ. Diese früher auf See oft sehr schwierige Bestimmung ist heute im Zeitalter des Funks kein Problem mehr.

Zeitsignale werden in allen Ländern regelmäßig über Funk ausgesandt. Sie geben sehr genau eine bestimmte MGZ an. Man vergleicht damit die Anzeige der Beobachtungsuhr, um den Stand zu erhalten. Das bekannteste ist das neue internationale Zeitsignal von Norddeich und Kiel, das um 0000 und 1200 auf der Frequenz 2614 kHz (Norddeich) bzw. 2775 kHz (Kiel) ausgestrahlt wird und folgendes Sendeschema hat:

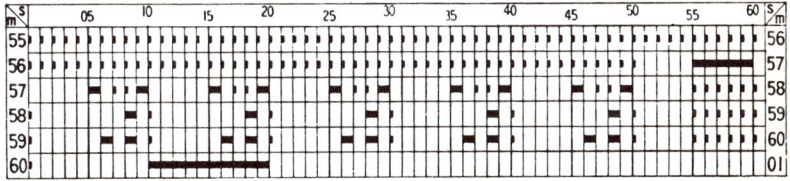

Bekannt ist auch das Kurzzeitsignal des Norddeutschen und Westdeutschen Rundfunks:

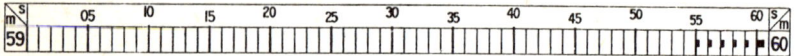

Die Zeitsignale beruhen auf sorgfältigen astronomischen Beobachtungen, die in der Bundesrepublik vom DHI regelmäßig mit Spezialfernrohren durchgeführt werden. Die Zeichen sind auf eine Zehntelsekunde genau. Etwaige Fehler eines Chronometers oder der Beobachtungsuhr können an Bord nicht beseitigt werden.

Die *Gangbestimmung* geschieht durch Vergleich des Standes an zwei nicht zu nahe zusammenliegenden Tagen.

Beispiel 1:

Am 1. 8. ermittelt man:

UZt	=	$11^h 56^m 45^s$
MGZ	=	$12^h 0^m 0^s$
Stand	=	$+ 3^m 15^s$

Am 19. 8.:

UZt	=	$11^h 58^m 25^s$
MGZ	=	$12^h 0^m 0^s$
Stand	=	$+ 1^m 35^s$

Daraus folgt zunächst die Änderung in 18 Tagen, daraus durch Division der tägliche Gang:

19. 8. Stand	$= + 1^m 35^s$
1. 8. Stand	$= + 3^m 15^s$
Gang in 18 Tagen	$= - 1^m 40^s$

Täglicher Gang $= - 100^s : 18 = - 5{,}6^s$, die Uhr gewinnt. Der Stand ist dann am 20. 8. $+ 1^m 35^s - 6^s = + 1^m 29^s$.

Beispiel 2:

Am 26. März ermittelt man:

UZt	=	$12^h 3^m 25^s$
MGZ	=	$12^h 0^m 0^s$
Stand	=	$- 3^m 25^s$

Am 22. März:

UZt	=	$12^h 2^m 10^s$
MGZ	=	$12^h 0^m 0^s$
Stand	=	$- 2^m 10^s$
Stand am 26. 3.	=	$- 3^m 25^s$
Stand am 22. 3.	=	$- 2^m 10^s$
Gang in 4 Tagen	=	$- 1^m 15^s$
täglicher Gang	=	$- 75^s : 4 = - 19^s$

Kulmination

Steht ein Gestirn auf seiner scheinbaren Bewegung um die Erde „im Meridian" des Beobachtungsortes, so „kulminiert" es für diesen bestimmten Punkt der Erde. Dieses Ereignis wiederholt sich bei einem Umlauf zweimal. Einmal nämlich geht das Gestirn durch den oberen, einmal durch den unteren Meridian. Man spricht von einer *oberen* und einer *unteren* Kulmination. Der Zeitwinkel des Gestirns ist im ersten Fall $\tau = 12^h 0^m$, im zweiten Fall $\tau = 0^h 0^m$. Der Ortsstundenwinkel ist im ersten Fall $t = 0° 0'$, im zweiten Fall $t = 180° 0'$.
Das Wort Meridian rührt her von dem lateinischen Wort *meridies;* es bedeutet eigentlich Mittagslinie. Es wird übertragen auch verwandt für den Gestirnsmittag und für die unteren Kulminationen.
Im Meridian erreicht das Gestirn seine größte bzw. kleinste Höhe.

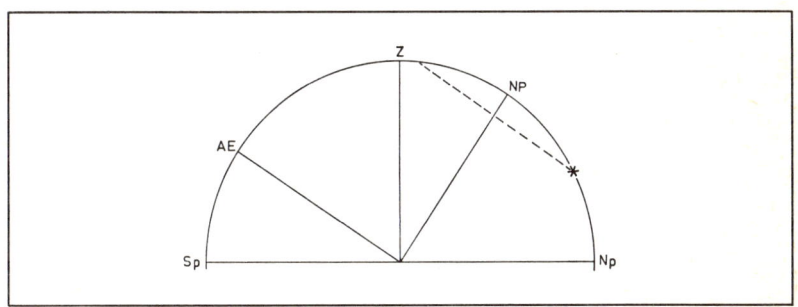

Abb. 52   Beispiel eines Zirkumpolarsterns

Die untere Kulmination ist nicht bei allen Gestirnen sichtbar, nur bei den sogenannten Zirkumpolarsternen.

Damit ein Stern zirkumpolar ist, muß seine Abweichung gleichnamig mit der Breite und größer als das Komplement der Breite des Beobachtungsortes sein (Abb. 52).

In unseren Breiten ist der Himmelswagen zirkumpolar.

Sogar die Wega müßte in Bremen in unterer Kulmination zu sehen sein. Denn Bremen liegt auf etwa 53° N-Breite, δ Wega = 38° 45′ N. Das Komplement der Breite ist:

$$90° - 53° = 37°$$

δ Wega ist also gleichnamig mit φ Bremen und größer als das Komplement der Breite Bremens.

Dagegen können wir den Sirius in Bremen nicht in unterer Kulmination beobachten, da seine Abweichung südlich (δ = 16° 39′ S) ist.

Die Sonne in unterer Kulmination werden wir auf der nördlichen Halbkugel nur im Sommer (δ nördlich) und auf hoher Breite (φ = 90° − 23,5° = 66,5° N) beobachten können.

Bestimmung der Kulminationszeit

Zeitpunkt der oberen Kulmination

Um den Zeitpunkt der Kulmination der Sonne, des Mondes oder eines Planeten schnell bestimmen zu können, macht das Nautische Jahrbuch die Angabe T.

T ist die MOZ des Durchgangs durch den oberen Meridian in Greenwich. Diese Zeitangabe kann für die Sonne auch für andere Längen benutzt wer-

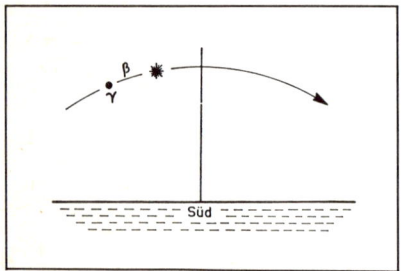

Abb. 53 Obere Kulmination
eines Fixsterns

den, da die wahre Sonne und die mittlere Sonne ihre Stellung zueinander in so kurzen Zeiträumen nicht ändern. Praktisch kann man das auch bei den Planeten tun, denn das T des Planeten – bitte im Jahrbuch nachsehen! – ändert sich von Tag zu Tag höchstens um vier Minuten, also für einige Grade Längenunterschied kaum.

Anders beim Mond, der schnell zwischen den Sternen wandert. Sein T ändert sich, wie wir an Beispielen im Jahrbuch feststellen können, von Tag zu Tag etwa um eine Stunde. Man muß daher für andere Längen als 0° einschalten, und zwar zum T des nächsten Tages hin, wenn man auf W-Länge steht, und zum T des vorhergehenden Tages, wenn man auf O-Länge steht. Kulminationszeiten der Fixsterne sind im Jahrbuch nicht angegeben, nur die Kulminationszeit des Frühlingspunktes. Da der Sternwinkel β des Sterns vom Frühlingspunkt aus im Sinne des täglichen Umschwunges zählt, findet der Meridiandurchgang eher statt als der Durchgang des Frühlingspunktes (Abb. 53), und zwar um den Betrag des Sternwinkels in Zeit.

Ich habe also das ♈ T dem Jahrbuch zu entnehmen und davon β in Zeit zu subtrahieren, um das T des Sterns zu bekommen, seine MOZ der oberen Kulmination.

Bequemer ist die Benutzung der Tafel 35 der Nautischen Tafeln. Sie gibt die MOZ der Kulmination für die wichtigsten Beobachtungssterne an.

Einige Beispiele sollen uns diese Methoden der Bestimmung des Zeitpunktes der oberen Kulmination näherbringen.

● Kulmination der Sonne

Wann kulminiert am 19. 4. 73 nach Logge auf etwa 56° 20′ N 19° 20′ O die Sonne?
Nach Jahrbuch ist T = MOZ d.o.K. = 11^h 59^m
Was zeigt unser Chronometer bzw. unsere Beobachtungsuhr in diesem Augenblick? Stand = – 1^m.

MOZ d.o.K.	=	11^h 59^m
λ in Zeit	=	– 1^h 17^m
MGZ d.o.K.	=	10^h 42^m d. 19. 4. 73
		+
entg. Stand	=	(–) 1^m
B-UZt	=	10^h 43^m

● Kulmination eines Fixsterns

Wann kulminiert Arcturus (53) auf etwa 55° 8′ N 6° 45′ O am 19. 4. 73?

♈ T	=	$10^h 11^m$
β in Zeit	=	$9^h 46^m$
MOZ = ✳ T	=	$0^h 25^m$
λ in Zeit	=	$0^h 27^m$
MGZ d.o.K.	=	$23^h 58^m$ d. 18. 4. 73

Tafel 35 liefert als MOZ d.o.K. des Arcturus:
$$1.6 - 1.2 = 0.4 = 24^m$$

● Kulmination eines Planeten

Zu welcher MOZ kulminiert am 19. 4. 1973 abends auf etwa 48° N 8° 53′ W der Planet Saturn? Nach dem Jahrbuch ist
$$♄ T = MOZ \text{ d.o.K.} = 15^h 15^m$$

● Kulmination des Mondes

Zu welcher MOZ kulminiert am 19. 4. 73 morgens der Mond auf etwa 49° 57′ N 4° 12′ W?

19. 4. 73 ☽ T_1	=	$0^h 59^m$
20. 4. 73 ☽ T_2	=	$1^h 47^m$
Unterschied $T_2 - T_1$	=	48^m

Schalten wir für unsere Länge 4° 12′ W ein, so ergibt sich der Einschaltwert aus der Proportion $\Delta T : T_2 - T_1 = 4{,}2° : 360°$.
Also ist

$$\Delta T \text{ für } 4{,}2° = \frac{4{,}2° \cdot (T_2 - T_1)}{360°}$$

$$\Delta T = \frac{4{,}2 \cdot 48}{360} = 0{,}5 ^m$$

Also ist

$$T = T_1 + \Delta T = 0^h 59^m + 0{,}5^m = 0^h 59{,}5^m$$

Die Antwort lautet also:
$$MOZ \text{ d.o.K. des Mondes} = 0^h 59{,}5^m$$
Dazu ergibt sich als MGZ (λ in Zt = 17^m):
$$MGZ = 1^h 16{,}5^m \quad \text{den 19. 4. 73}$$

● Übungsaufgaben

1. Wann nach Zonenzeit kulminiert die Sonne am 20. April 1973 auf $\lambda = 7° 16'$ W?
2. Wann nach Zonenzeit und MGZ geht die Venus am 20. August 1973 auf $\lambda = 40° 40'$ W durch den oberen Meridian?
3. Wann nach Zonenzeit steht der Mond am 7. März 1973 auf $\lambda = 47° 50'$ W in oberer Kulmination?

Zeitpunkt der unteren Kulmination

Hat man den Zeitpunkt der oberen Kulmination berechnet, erhält man die Zeit der unteren Kulmination auf folgende Weise:
Handelt es sich um die Sonne, so addiert oder subtrahiert man einen halben Sonnentag, das heißt 12 Stunden.
Ist z. B. die MEZ der oberen Kulmination der Sonne

$$\text{MEZ d.o.K.} = 12^h \, 7^m,$$

ging die untere Kulmination

$$\text{MEZ d.u.K.} = 0^h \, 7^m \text{ des Tages voraus.}$$

Die nächste untere Kulmination wird am nächsten Tage stattfinden zur MEZ d.u.K. $= 0^h \, 7^m$.

Handelt es sich um den Mond, so wäre ein halber Mondtag zu subtrahieren oder zu addieren, bei einem Planeten ein halber Tag des betreffenden Planeten, bei Fixsternen ein halber Sterntag. Die Dauer eines Sterntages beträgt $23^h \, 56^m$, ein halber Sterntag ist also $11^h \, 58^m$.
Die Dauer eines Mond- oder Planetentages findet man durch Subtraktion der betreffenden Werte T des Jahrbuches.
Wie lange dauert z. B. ein Mondtag am 19./20. April des Jahres 1973?
Wir finden für den 19. 4. $T_1 = \ \ 0^h \, 59^m$
und für den 20. 4. $T_2 = \ \ 1^h \, 47^m$
                                                    _____
Die Dauer des Mondtages beträgt daher $T_2 - T_1 = 24^h \, 48^m$

Beispiele:

1. Wann steht die Sonne am 19. 4. 73 auf 56° 20′ N 19° 15′ O nach MEZ in unterer Kulmination?

⊙ T = MOZ d.o.K.	=	11^h 59^m
λ in Zeit		1^h 17^m
MGZ d.o.K.	=	10^h 42^m
+ 1/2 ⊙-Tag		12^h 0^m
MGZ d.u.K.	=	22^h 42^m
MEZ d.u.K.	=	23^h 42^m

2. Wann steht der Saturn am 19. April 1973 auf etwa 48° 5′ N 8° 46′ W nach MGZ in unterer Kulmination?

♄ T = MOZ d.o.K.	=	15^h 15^m	
λ in Zeit	=	+ 0^h 35^m	(W!)
MGZ d.o.K.	=	15^h 50^m	
T am 20. 4.	=	15^h 11^m	
T am 19. 4.	=	15^h 15^m	
♄ Tag = T_2-T_1	=	23^h 56^m	

MGZ d. o.K.	=	15^h 15^m
1/2-♄-TAG	=	11^h 58^m
MGZ d.u.K.	=	3^h 17^m d. 19. 4.73

● Übungsaufgaben

1. Wann geht die Sonne am 1./2. Juli 1973 nach Zonenzeit auf λ = 16° 25′ W durch den unteren Meridian?

2. Wann nach MOZ und MGZ geht die Venus am 9. November 1973 auf λ = 70° 55′ W durch den unteren Meridian?

Zeit des Auf- und Unterganges, Tag- und Nachtbogen

Ein Gestirn *geht auf,* wenn es auf dem Weg von der unteren Kulmination zur oberen den wahren Horizont passiert. In diesem Augenblick schneidet der Abweichungsparallel des Gestirns den wahren Horizont.

Das Gestirn *geht unter,* wenn es auf dem Wege von der oberen zur unteren Kulmination den wahren Horizont passiert, das heißt sein Abweichungsparallel den wahren Horizont schneidet.

Den sichtbaren Weg des Gestirns nennt man *Tagbogen,* den unter dem Horizont liegenden Teil *Nachtbogen* (Abb. 54).

Die Größe von Tag- und Nachtbogen hängt von der Breite des Beobachtungsortes und der Abweichung des Gestirns ab. Am Äquator sind Tag- und Nachtbogen für alle Gestirne gleich.

Gestirne, die nicht untergehen, nennen wir *Zirkumpolarsterne.* Zirkumpolar sind die Sterne, deren δ mit φ gleichnamig und größer als $90° - \varphi$ ist.

Gestirne, die gar nicht aufgehen, müssen ein δ haben, das ungleichnamig mit φ und größer als $90° - \varphi$ ist.

Den Zeitpunkt des wahren Auf- und Unterganges lernen wir später noch nach Rechnung oder Tafel bestimmen.

Der Zeitpunkt, in dem der Mittelpunkt der Sonne im wahren Horizont steht, ist *nicht* gleich dem Zeitpunkt des *sichtbaren* Auf- und Unterganges. Auch davon sprechen wir noch.

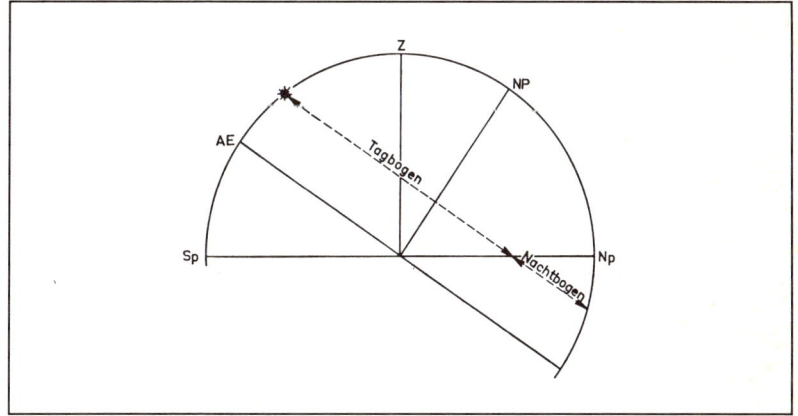

Abb. 54   Tag- und Nachtbogen

DIE BEWEGUNGEN DER GESTIRNE

Eigenbewegung der Sonne

Die Sonne geht wie die Fixsterne im Osten auf, kulminiert im Süden, um dann im Westen unterzugehen. Aber zwischen den unveränderlich ihre Stellung am Himmelsgewölbe haltenden Fixsternen ändert die Sonne wie der Mond und die Planeten ihre Lage, sie macht eine Bewegung zwischen den Fixsternen.

Von dieser Eigenbewegung der Sonne wollen wir noch ein wenig sprechen.

Die Bewegung der Sonne erfolgt gegen den Sinn des täglichen Umschwunges der Himmelskugel, was wir daran erkennen, daß die Sterne, die kurz vor Sonnenaufgang an der Aufgangsstelle stehen, nach einigen Wochen höher stehen, andere Sterne sich in Sonnennähe befinden. Außerdem ändert sich die Sonnenhöhe im Augenblick der Kulmination. Die Sonne muß also offenbar ihr δ ändern.

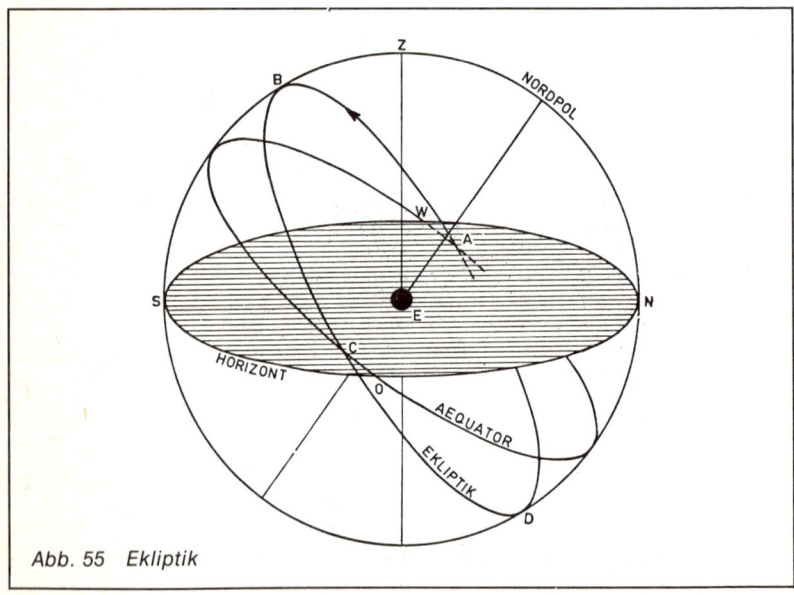

Abb. 55   Ekliptik

Bestimmt man täglich δ und β der Sonne und trägt diese Sonnenörter auf der Himmelskugel auf, so findet man einen größten Kreis als Sonnenbahn, man nennt ihn *Ekliptik* (Abb. 55).

Zweimal steht die Sonne im Äquator, bei Frühlingsanfang (21. 3.) und bei Herbstanfang (23. 9.). Dann schneidet die Ekliptik den Äquator. Die beiden Schnittpunkte heißen *Widderpunkt* (A in Abb. 55) und *Waagepunkt* (C). An diesen Tagen sind Tag und Nacht gleich lang (Tagbogen = Nachtbogen). Die beiden Punkte heißen daher auch Tag- und Nachtgleichen (Äquinoctien).

Die Ebene der Ekliptik ist um 23$^1/_2$° gegen den Äquator geneigt („Schiefe" der Ekliptik).

Wandert die Sonne vom Frühlingspunkt (A) auf der Ekliptik weiter, tritt sie aus dem Äquator heraus. Ihre Abweichung wird immer größer, bis sie am 21. Juni ihren größten Wert δ = 23$^1/_2$° N erreicht (B).

In diesem Punkt wendet sie ihren Weg wieder dem Äquator zu. Dieser Tag heißt daher Wendepunkt *(Sommersonnenwende,* B). Das δ wird nun erst sehr langsam, dann schneller kleiner, bis am 23. September wieder δ gleich Null ist *(Herbst-Tag- und Nachtgleiche,* C). Nun sinkt die Sonne unter den Äquator, ihr δ wird südlich. Den niedrigsten Stand 23$^1/_2$° S erreicht δ am 21. Dezember (Winteranfang). Das ist die *Wintersonnenwende* (D). Denn nun nähert sich die Sonne wieder dem Äquator, um ihn am 21. März zu erreichen. Damit ist ein Umlauf der Sonne zwischen den Sternen vollendet, ein *Jahr* ist abgelaufen.

Die Ekliptik wird in zwölf gleiche Teile (je 30°) eingeteilt. Jede dieser Zonen trägt den Namen eines Sternbildes, und zwar:

Widder	♈	Waage	♎
Stier	♉	Skorpion	♏
Zwillinge	♊	Schütze	♐
Krebs	♋	Steinbock	♑
Löwe	♌	Wassermann	♒
Jungfrau	♍	Fische	♓

Da diese Sternbilder meist Tiernamen tragen, spricht man auch vom *Tierkreis* („Zodiakus").

Heute fällt die Tierkreiseinteilung nicht mehr mit den namengebenden Sternbildern zusammen, da die „Präzession" des Kreisels Erde den Widderpunkt wandern läßt, so daß er heute nicht mehr wie vor 2000 Jahren im Sternbild des Widders, sondern im Sternbild der Fische liegt.

Die Sonne und ihre Planeten

Die *Sonne* ist das Zentralgestirn eines Systems von Planeten, zu denen auch die Erde gehört (Abb. 56).

Die *Planeten* sind dunkle Himmelskörper, die das Licht der Sonne reflektieren. Sie bewegen sich in elliptischen Bahnen um die Sonne.

Die Hauptplaneten, die auch zur Ortsbestimmung auf See benutzt werden, sind: ♀ Venus ♂ Mars ♃ Jupiter ♄ Saturn

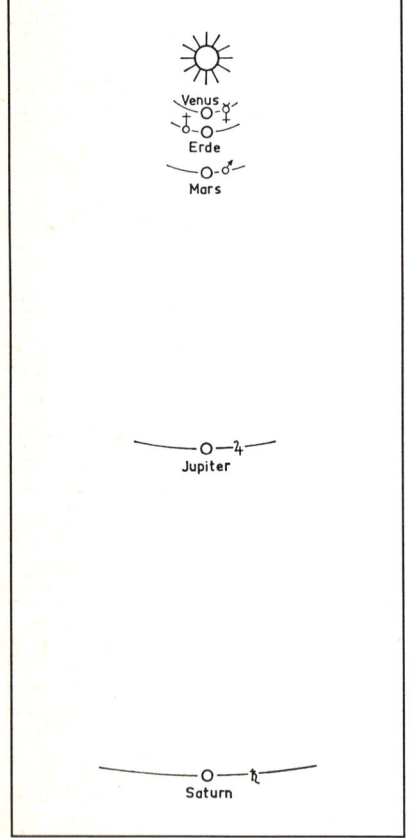

Abb. 56
Abstand der Planeten von der Sonne

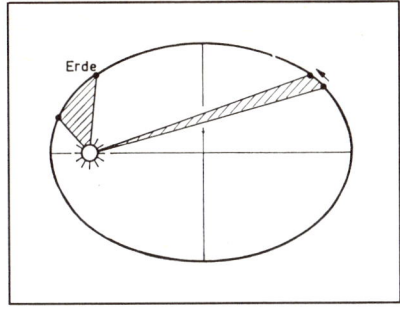

Abb 57   Flächensatz (2. Keplersches Gesetz)

Ihre Stellung und Bahn zwischen den Fixsternen wird im Nautischen Jahrbuch angegeben.

Die Planeten bewegen sich um das Zentralgestirn Sonne nach den *Keplerschen Gesetzen:*

1. Alle Planetenbahnen sind Ellipsen, in deren einem Brennpunkt die Sonne steht.
2. Der Leitstrahl eines Planeten beschreibt in gleichen Zeiten gleiche Flächen (Abb. 57).
3. Die Quadrate der Umlaufzeiten zweier Planeten verhalten sich wie die dritten Potenzen der großen Achsen ihrer Bahnen.

Die Bewegungen der Erde

Unser Planet, die Erde, die wir für unsere nautischen Betrachtungen als im Raum feststehend ansehen, führt in Wirklichkeit zwei Bewegungen aus:
1. Die Erde dreht sich um ihre Achse. Diese Bewegung hat zur Folge, daß wir die Fixsterne aufgehen, kulminieren und untergehen sehen, daß es Tag und Nacht gibt.
Die Erddrehung erfolgt von West nach Ost, so daß wir die Sterne von Ost nach West wandern sehen.
2. Die Erde wandert in einer elliptischen, nahezu kreisförmigen Bahn um die Sonne. Die Sonne steht in dem einen Brennpunkt der Ellipse. Die Ebene der Erdbahn ist um $23^{1}/_{2}°$ gegen die Ebene des Himmelsäquators

geneigt. Die Erdachse steht in einem Winkel von 66^1/$_2$° zur Ekliptik. Diese Richtung behält sie während ihres Umlaufes um die Sonne bei. Das erklärt die Änderung der Abweichung der Sonne von 23^1/$_2$° S bis 23^1/$_2$° N und den Wechsel der Jahreszeiten.

Die Bewegungen des Mondes

Der Mond ist ein Begleiter der Erde, der im Mittel nur 380 000 km von ihr entfernt ist. Er bewegt sich in einer elliptischen, nahezu kreisförmigen Bahn um die Erde, deren Ebene gegen die Ebene der Ekliptik um 5° geneigt ist. Die Abweichung des Mondes kann daher Werte bis zu 28^1/$_2$° N bzw. 28^1/$_2$° S annehmen. Die Bewegung erfolgt ebenfalls von West nach Ost. Der Mond dreht sich dabei um seine Achse so, daß er uns stets dieselbe Seite zukehrt.

Ein Umlauf des Mondes von einem Vollmond zum nächsten Vollmond dauert 29^1/$_2$ Tage. Das ist ungefähr die Zeit eines *Monats* unserer Zeitrechnung.

Mißt man den Umlauf des Mondes von einem gemeinsamen Meridiandurchgang mit einem bestimmten Stern bis zum nächsten gemeinsamen Durchgang mit demselben Stern durch den Meridian, so dauert dieser Umlauf nur 27^1/$_2$ Tage. Der Unterschied erklärt sich daraus, daß die Erde während des Mondumlaufes auch weitergewandert ist, so daß Vollmond erst später eintritt.

Da der Mond der Erde so nahe steht, ändern sich seine Koordinaten verhältnismäßig schnell.

Die Bewegungen der Planeten

Auch die Planeten bewegen sich in elliptischen, nahezu kreisförmigen Bahnen um die Sonne. Die Ebenen ihrer Bahnen weichen kaum von der Ebene der Ekliptik ab.

Die Bewegung der Sonne ist der scheinbaren Bewegung der Fixsterne entgegengerichtet. Man nennt diesen Bewegungssinn *rechtläufig*.

Planeten können sich auch im Sinne des täglichen Umschwunges bewegen, *rückläufig* werden oder auch längere Zeit wie ein Fixstern an derselben Stelle des Himmelsgewölbes stehen, *stationär* sein.

Wegen der Lageänderungen sind die Koordinaten von Sonne, Mond und Planeten im Nautischen Jahrbuch für jede Stunde des Tages angegeben. Für unsere nautischen Rechnungen müssen sie eventuell sogar für Minuten und Sekunden des Beobachtungszeitpunktes entnommen werden.

Ein notwendiges Zwischenspiel

Die trigonometrischen Funktionen

Was brauchen wir für das Verständnis der astronomischen Ortsbestimmung an mathematischen Kenntnissen und Fertigkeiten? Zunächst die Kenntnis der Logarithmen, eine gewisse Fertigkeit in der Benutzung von Logarithmentafeln und die Fähigkeit, einfache Rechnungen logarithmisch durchzuführen. Darüber hinaus müssen wir die trigonometrischen Funktionen kennen und mit ihnen Dreiecke auf einer Kugel berechnen können. Die *Trigonometrie* löst die Aufgabe, aus drei gegebenen Stücken eines Dreiecks durch Rechnung die übrigen Stücke (Seiten oder Winkel) zu bestimmen. Sie bedient sich dazu der trigonometrischen Funktionen sinus, cosinus, tangens, cotangens, secans und cosecans.
Diese Funktionen sind definiert als Seitenverhältnisse im rechtwinkligen Dreieck (Abb. 58). Es ist

$$\text{sinus} = \frac{\text{Gegenkathete}}{\text{Hypotenuse}}$$

$$\text{cosinus} = \frac{\text{Ankathete}}{\text{Hypotenuse}}$$

$$\text{tangens} = \frac{\text{Gegenkathete}}{\text{Ankathete}}$$

$$\text{cotangens} = \frac{\text{Ankathete}}{\text{Gegenkathete}}$$

$$\text{secans} = \frac{\text{Hypotenuse}}{\text{Ankathete}}$$

$$\text{cosecans} = \frac{\text{Hypotenuse}}{\text{Gegenkathete}}$$

Also ist in Abb. 59:

$$\sin \alpha = \frac{a}{c}$$

$$\cos \alpha = \frac{b}{c}$$

$$\tan \alpha = \frac{a}{b}$$

$$\cot \alpha = \frac{b}{a}$$

$$\sec \alpha = \frac{c}{b}$$

$$\operatorname{cosec} \alpha = \frac{c}{a}$$

Die Funktionen secans und cosecans sind eine „Spezialität" der Nautik. Der Vorteil der Benutzung liegt darin, daß sie reziproke Funktionen der sin- und cos-Funktionen darstellen.
Es ist also, wie aus den genannten Formeln leicht zu ersehen:

$$\operatorname{cosec} \alpha = \frac{1}{\sin \alpha}$$

$$\sec \alpha = \frac{1}{\cos \alpha}$$

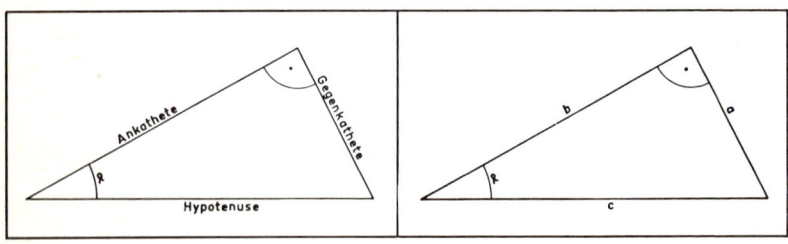

Abb. 58   *Abb. 59*

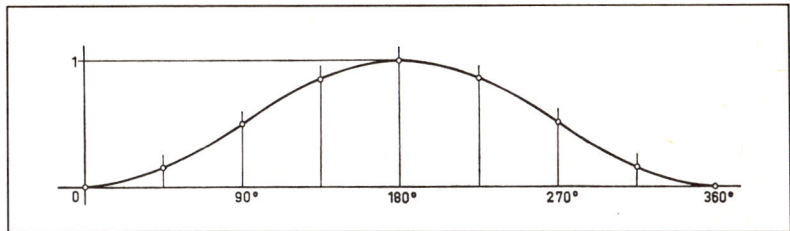

Abb. 60   Die Semiversus-Funktion

Hat man Formeln, in denen sinus oder cosinus im Nenner vorkommen, wo in der logarithmischen Rechnung also log sin subtrahiert werden müßte – Subtraktion ist erfahrungsgemäß eine der schwierigsten Operationen in der Navigation, Sie werden das noch bestätigen –, kann man in den Formeln statt sin bzw. cos im Nenner cosecans bzw. secans im Zähler setzen. Dann hat man ein Produkt, und die Logarithmen sind zu addieren. Sie werden noch andere Stellen entdecken, in denen wir Sonderwege gehen im Interesse sicheren Rechnens. Vom sicheren Rechnen hängt die Sicherheit des Schiffes ab.

Eine weitere Ihnen sicher noch nicht bekannte Funktion ist die Semiversusfunktion, abgekürzt sem, eines Winkels. Sie ist so definiert:

$$\text{sem } \alpha = \sin^2 \frac{\alpha}{2}$$

Den Verlauf dieser Funktion für α von 0° bis 360° zeigt Abb. 60. Charakteristisch für diese Funktion ist, daß sie niemals negativ wird.

Die Werte der trigonometrischen Funktionen für die Winkel von 0° bis 90° sind uns gegeben in Tafel 13 der Nautischen Tafeln. Beispiele:

Es ist: sin 40° = 0,6428
          cot 12° = 4,7046
          cos 68° = 0,3746

Braucht man die Funktionen eines stumpfen Winkels, so gelten folgende Formeln:

sin α	= sin (180°–α)	cosec α	= cosec (180°–α)
cos α	= – cos (180°–α)	sec α	= – sec (180°–α)
tan α	= – tan (180°–α)	cot α	= – cot (180°–α)

Ist also z. B. $\alpha = 120°$, so ist

$\sin 120° = \sin(180°-120°) = \sin 60° = 0,866$
$\cos 120° = -\cos(180°-120°) = -\cos 60° = -0,500$

und so weiter.

Logarithmen der trigonometrischen Funktionen

Für unsere Rechnungen brauchen wir die Logarithmen der trigonometrischen Funktionen. Sie sind fünfstellig gegeben in Tafel 16 der Nautischen Tafeln und in Auswahl in Tafel 17 zur Berechnung der Höhe. Diese Tafel 17 enthält außer den Logarithmen auch die natürlichen Werte der Semiversusfunktion.

Um nicht später in den erforderlichen Rechnungen immer an so primitiven Klippen wie Aufschlagen der Logarithmen zu scheitern, üben wir das ausgiebig.

● Übungsaufgaben

1. Aufschlagen der Logarithmen der trigonometrischen Funktionen nach Tafel 16

Wie groß ist
lg sin	35°	
lg sin	60°	30′
lg cos	45°	17′
lg cot	55°	16′
lg cosec	47°	11′
lg sec	7°	1′
lg tan	80°	6,5′
lg sin	4°	56,3′
lg cot	65°	11,6′

2. Wie groß ist nach Tafel 17

lg cos	15°	6′
lg sem	44°	19′
lg cos	55°	47,5′

3. Wie groß ist nach Tafel 18

lg sem	144°	25′
lg sem	106°	47′

4. Wie groß ist der sem selbst? Auch das liefert Tafel 17.

Bestimme   sem 11° 15′
                  sem 54° 13,3′

Freilich gilt die Tafel 17 nur für Winkel bis 90°. Ist der Semiversus eines stumpfen Winkels gesucht, so muß man aus Tafel 18 den Logarithmus vom Semiversus des Winkels aufsuchen und für diesen Logarithmus in der Tafel 12 den Numerus entnehmen.
Wie groß ist also der sem 148°?
Nach Tafel 18 ist lg sem 148° = 9,96568.
Nach Tafel 12 ist sem 148° = 0,924.

Trigonometrie auf der Kugel

Wir müssen die *sphärische* Trigonometrie bemühen. Sie dient dazu, *sphärische Dreiecke* zu berechnen (Abb. 61). Sphärisch sind die Dreiecke auf einer Kugel, wenn die begrenzenden Seiten *Großkreise* sind. Großkreise sind Kreise auf der Kugel, die ihren Mittelpunkt im Mittelpunkt der Kugel haben. Die kürzeste Verbindung zweier Punkte auf der Kugel ist der Großkreis.
In unseren Koordinatensystemen auf der Himmelskugel sind Großkreise die Vertikalkreise, die Stundenkreise, der Himmelsäquator, der wahre Horizont.
Für unsere Rechnungen in allgemeinen sphärischen Dreiecken brauchen wir
1. den Sinussatz:
$$\sin \alpha : \sin \beta : \sin \gamma = \sin a : \sin b : \sin c$$
2. die Kosinusregeln:
$$\cos a = \cos b \cdot \cos c + \sin b \cdot \sin c \cdot \cos \alpha$$
$$\text{bzw.} \quad \cos b = \cos a \cdot \cos c + \sin a \cdot \sin c \cdot \cos \beta$$
$$\text{bzw.} \quad \cos c = \cos a \cdot \cos b + \sin a \cdot \sin b \cdot \cos \gamma$$

Diese Kosinusregeln gestatten, eine Seite des sphärischen Dreiecks zu berechnen, wenn man die anderen beiden Seiten und den von ihnen eingeschlossenen Winkel kennt. Mit dieser Zielsetzung werden wir diese Regeln im nautisch-astronomischen Grunddreieck (Abb. 62) anwenden.
Die Kosinusregeln muß man bei der Benutzung von Taschenrechnern anwenden (siehe Seite 150).

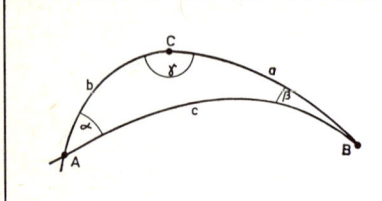

*Abb. 61   Allgemeines
sphärisches Dreieck*

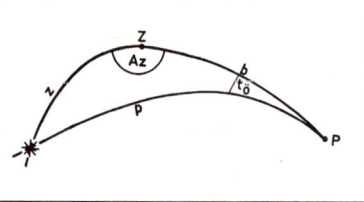

*Abb. 62   Nautisch-astronomisches
Grunddreieck*

Die sem-Formel zur Berechnung der Höhe

Das nautisch-astronomische Grunddreieck ist ein sphärisches Dreieck,
denn es wird gebildet von den drei Großkreisen Himmelsmeridian, Vertikalkreis und Stundenkreis des Gestirns.

Es ist nach Seite 57:

$$\text{die Zenitdistanz z} = 90°\text{-h}$$
$$\text{die Poldistanz p} = 90°\text{-}\delta$$
$$\text{die Polzenitdistanz b} = 90°\text{-}\varphi$$

Der Winkel Az ist das Azimut, der Winkel t der östliche (oder westliche)
Stundenwinkel des Gestirns.

Es seien nun φ, δ und t bekannt. Wie groß ist dann die Höhe h bzw. die Zenitdistanz z?

Wenn φ und δ bekannt sind, kenne ich auch 90°-φ = b und 90°-δ = p. b und
p schließen t ein; die Zenitdistanz, die ich berechnen soll, liegt dem Winkel
t gegenüber. Das ist die Situation, für welche die Mathematik die Kosinusregeln bereithält.

Wenden wir sie an:

$$\cos z = \cos b \cdot \cos p + \sin b \cdot \sin p \cdot \cos t$$

Die logarithmische Auswertung dieser Formel ist recht kompliziert und
langwierig und birgt viele Möglichkeiten zu Rechenfehlern, die letzten En-
des die Sicherheit des Schiffes gefährden. Es sind daher geeignetere Formeln und Tafelwerke entwickelt worden, die leichter und sicherer zum Ziel
führen.

Die „Standard"-Formel ist die Semiversusformel, die wir nun ableiten wollen.

Wir brauchen, um zur Semiversusformel zu kommen, folgende trigometrische Kenntnisse:

1.　$\cos(90° - α) = \sin α$
　　$\sin(90° - α) = \cos α$

2.　$\cos α = 1 - 2 \sin^2 \dfrac{α}{2} = 1 - 2 \operatorname{sem} α$

3.　$\cos α \cdot \cos β + \sin α \cdot \sin β = \cos(α - β)$

Wende ich die Formel 1 auf die rechte Seite der Gleichung an, ergibt sich:

$$\cos z = \sin φ \cdot \sin δ + \cos φ \cdot \cos δ \cdot \cos t$$

Forme ich dann das cos t des letzten Gliedes nach Formel 2 um, lautet unsere Gleichung:

$$\cos z = \sin φ \cdot \sin δ + \cos φ \cdot \cos δ \cdot (1 - 2 \operatorname{sem} t)$$

oder, nach Ausmultiplizieren des Klammerausdrucks:

$$\cos z = \sin φ \cdot \sin δ + \cos φ \cdot \cos δ - 2 \cos φ \cdot \cos δ \cdot \operatorname{sem} t$$

Die ersten beiden Glieder der rechten Seite sind von der Art der Formel 3. Wenden wir sie an, ergibt sich:

$$\cos z = \cos(φ - δ) - 2 \cos φ \cdot \cos δ \cdot \operatorname{sem} t$$

Noch einmal Formel 2 – und gleich zweimal:

$$1 - 2 \operatorname{sem} z = 1 - 2 \operatorname{sem}(φ - δ) - 2 \cos φ \cdot \cos δ \cdot \operatorname{sem} t$$

Das gibt die Gleichung:

$$\operatorname{sem} z = \operatorname{sem}(φ - δ) + \cos φ \cdot \cos δ \cdot \operatorname{sem} t$$

oder, wenn man $\cos φ \cdot \cos δ \cdot \operatorname{sem} t = \operatorname{sem} y$ setzt:

$$\operatorname{sem} z = \operatorname{sem}(φ - δ) + \operatorname{sem} y$$

Diese Formel ist zwar ebensowenig für logarithmische Rechnungen brauchbar wie die Ausgangsform, aber durch eine geschickte Sondertafel rechnet es sich leicht mit dieser Formel, wenn lg sem und sem selbst nebeneinander tabuliert sind. Das ist der Fall in Tafel 17 der Nautischen Tafeln.

Es ergibt sich folgender Gang der Rechnung:

Sind φ, δ und t gegeben, wird zunächst sem y logarithmisch berechnet. Dazu könnte die allgemeine Tafel 16 der Logarithmen der trigometrischen Funktionen benutzt werden. Bequemer ist es aber, zur Berechnung der Höhe gleich Tafel 17 zu benutzen, die nur den lg cos, lg sem und sem (für jede Minute von 0° bis 90°) enthält, also nur die für die Berechnung der Höhe nötigen Funktionen.

Habe ich die Logarithmen von cos φ, cos δ und sem t aufgeschlagen und addiert, habe ich den Wert von lg sem y. Neben lg sem y steht aber in Tafel

17 gleich der sem y. Ich suche also in der Spalte lg sem den gefundenen Wert und entnehme den danebenstehenden Wert von sem y. Man wird dabei allerdings gelegentlich etwas interpolieren müssen.

Nun brauchen wir nur noch $\varphi - \delta$ zu bilden – Achtung: wir müssen *algebraisch* subtrahieren, φ und δ können verschiedene Vorzeichen haben – und den sem $(\varphi - \delta)$ aufzuschlagen und zu sem y zu addieren, dann haben wir sem z und können aus Tafel 17 das gesuchte z entnehmen. Zieht man z von 90° ab, hat man die gesuchte Höhe des Gestirns.

Probieren wir es:

Gegeben sei $\varphi = 50°$ N, $\delta = 10°$ N, t = 61° 30'. Wie groß ist h?

Vorweg die manchem vielleicht noch unsympathische Sache mit der Bildung von $\varphi - \delta$. In diesem Beispiel sind φ und δ beide N, also gleichnamig. Dann ist:

$$\varphi = 50° \text{ N}$$
$$\delta = 10° \text{ N}$$
$$\overline{\varphi - \delta = 40°}$$

Wäre $\delta = -10°$ S gewesen, hätte man erhalten:

$$\varphi = 50° \text{ N}$$
$$\delta = 10° \text{ S}$$
$$\overline{\varphi - \delta = 60°}$$

Nun rechnen wir. Zweckmäßig ist folgende Anordnung der Rechnung:

t = 61° 30'	lg semt t	= 9,41734
$\varphi = 50°$ N	lg cos φ	= 9,80807
$\delta = 10°$ N	lg cos δ	= 9,99335
	lg sem y	= 9,21876
	sem y	= 0,16548 ⎫
$\varphi - \delta = 40°$	sem $(\varphi - \delta)$	= 0,11698 ⎬
z = 64° 13'	sem z	= 0,28246
h = 25° 47'		

Wir können nun bereits vorausberechnen, welche (wahre) Höhe ein bestimmtes Gestirn zu einem bestimmten Zeitpunkt haben wird. Wir setzen das Mosaik unserer mühselig erarbeiteten und geübten Einzelrechnungen zur wichtigsten Grundrechnung der astronomischen Navigation zusammen.

Die Aufgabe lautet:

Wie groß ist die wahre Sonnenhöhe am 19. April 1973 vormittags etwa gegen 10 Uhr auf $\varphi = 45°\ 3'$ N $\lambda = 4°\ 16'$ W zur B-UZt $= 11^h\ 5^m\ 19'$?

Der Stand des Chronometers sei: Std. $= -10^m\ 15^s$.

Wir brauchen für unsere Rechnung φ, δ und t. φ ist gegeben, δ entnehmen wir dem Nautischen Jahrbuch für die gegebene MGZ. Neben δ finden wir t_{Gr}, das wir mit der Länge in t bzw. $t_ö$ oder t_w verwandeln.

Welche MGZ haben wir zur Zeit der Berechnung?

B-UZt	$= 11^h\ 5^m\ 19^s$	
Stand	$= -10^m\ 15^s$	
MGZ	$= 10^h\ 55^m\ 4^s$	den 19. 4. 73

Das Jahrbuch liefert für diese MGZ

$\odot\ \delta$	$=$	$11°\ 12,4'$
$10^h\ \odot\ t_{Gr}$	$=$	$330°\ 12,7'$
Zuwachs	$=$	$13°\ 46,0'$
$10^h\ 55^m\ 4^s\ t_{Gr}$	$=$	$343°\ 58,7'$
λ (w)	$=$	$4°\ 16,0'$
$\odot\ t$	$=$	$339°\ 42,7'$
$t_ö$	$=$	$20°\ 17,3'$

t	$= 20°\ 17,3'$	lg sem t	$= 8,49164$
φ	$= 45°\ 3,0'$ N	lg cos φ	$= 9,84911$
δ	$= 11°\ 12,4'$ N	lg cos δ	$= 9,99164$
		lg sem y	$- 8,33239$
		sem y	$= 0,02150$
$\varphi - \delta$	$= 33°\ 50,6'$	sem $(\varphi - \delta)$	$= 0,08472$
z	$= 38°\ 2,5'$	sem z	$= 0,10622$
h	$= 51°\ 57,5'$		

Da mit dieser Rechnung unsere späteren Ortungsergebnisse stehen und fallen, üben wir sie an den Beispielen auf Seite 99. Beachte bei diesen Aufgaben, daß unsere Beobachtungsuhren nur die Zahlen von 0 bis 12 tragen, daß also z. B. die Zeitangabe der Aufgabe 1 $3^h\ 31^m\ 30^s$ auch $15^h\ 31^m\ 30^s$ bedeuten kann. Nach dem Wert der Zonenzeit (Spalte 3) und der Länge (Spalte 4) ist das leicht zu entscheiden.

Die Berechnung des Azimuts

Eine weitere Größe, die aus φ, δ und t berechnet werden muß, ist das Azimut. Wir leiten zusammen die Formel ab, die der gleich zu besprechenden ABC-Tafel zugrunde liegt. Wer das Jonglieren mit mathematischen Formeln und Ausdrücken nicht liebt, kann diese Ableitung ohne Gefahr überschlagen.

Wenden wir die Kosinusformel auf unser Grunddreieck (Abb. 63) so an, daß das Azimut berechnet werden kann. Ist das Az der eingeschlossene Winkel, muß ich mit der gegenüberliegenden Seite p beginnen. Dann ist:

$$\cos p = \cos z \cdot \cos b + \sin z \cdot \sin b \cdot \cos Az$$

oder:

$$\sin \delta = \sin h \cdot \sin \varphi + \cos h \cdot \cos \varphi \cdot \cos Az$$

Dann ist:

$$\cos Az = \frac{\sin \delta - \sin h \cdot \sin \varphi}{\cos h \cdot \cos \varphi}$$

Diese Formel hat den Nachteil, daß außer φ und δ zweimal h vorkommt, das wir nicht kennen. Es muß eliminiert werden. Das gelingt für cos h durch Anwendung des Sinussatzes.

Es ist:

$$\sin z : \sin p = \sin t : \sin Az$$

oder:

$$\cos h : \cos \delta = \sin t : \sin Az$$

Nun ist ja das Produkt der inneren Glieder einer Proportion gleich dem Produkt der äußeren Glieder. Also ist:

$$\cos h \cdot \sin Az = \cos \delta \cdot \sin t$$

oder:

$$\cos h = \frac{\cos \delta \cdot \sin t}{\sin Az} \tag{2}$$

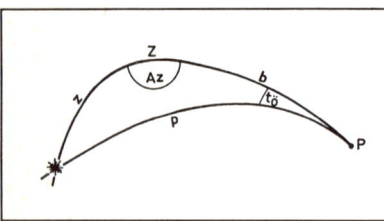

Abb. 63   Grunddreieck

● Übungsaufgaben

Gestirn	Datum	Zonenzeit	Loggeort	B-UZt	Stand
1. Sonne	7. 3. 73	$11^h\,37^m$	14° 48' N 67° 22' W	$3^h\,31^m\,30^s$	$+\,5^m\,5^s$
2. Sonne	9. 10. 73	$14^h\,53^m$	47° 5' S 135° 35' W	$11^h\,52^m\,10^s$	$+\,0^m\,48^s$
3. Rigel	23. 3. 73	$18^h\,28^m$	27° 40' N 59° 46' W	$10^h\,27^m\,2^s$	$+\,1^m\,11^s$
4. Mars	28. 4. 73	$4^h\,33^m$	46° 53' N 30° 12' W	$6^h\,29^m\,19^s$	$+\,3^m\,11^s$
5. Mond	1. 5. 73	$5^h\,7^m$	15° 21' N 69° 48' W	$10^h\,2^m\,12^s$	$+\,4^m\,36^s$
6. Mond	19. 11. 73	$7^h\,0^m$	32° 50' S 105° 10' W	$2^h\,2^m\,5^s$	$-\,1^m\,52^s$

Das sin h des zweiten Gliedes des Zählers der Formel (1) erhalten wir durch Anwendung des Kosinussatzes:

$$\cos z = \cos b \cdot \cos p + \sin b \cdot \sin p \cdot \cos t$$

oder:

$$\sin h = \sin \varphi \cdot \sin \delta + \cos \varphi \cdot \cos \delta \cdot \cos t \qquad (3)$$

Dividiere ich Formel (1) noch durch sin Az und setze dann Formel (2) und (3) ein, so ergibt sich:

$$\frac{\cos Az}{\sin Az} = \cot Az = \frac{\sin \delta - \sin h \cdot \sin \varphi}{\cos h \cdot \cos \varphi \cdot \sin Az}$$

$$\cot Az = \frac{\sin \delta - \sin \varphi \cdot (\sin \varphi \cdot \sin \delta + \cos \varphi \cdot \cos \delta \cdot \cos t)}{\cos \delta \cdot \sin t \cdot \cos \varphi}$$

$$= \frac{\sin \delta - \sin^2 \varphi \cdot \sin \delta - \sin \varphi \cdot \cos \varphi \cdot \cos \delta \cdot \cos t}{\cos \delta \cdot \cos \varphi \cdot \sin t}$$

$$= \frac{\sin \delta \, (1 - \sin^2 \varphi \cdot) - \sin \varphi \cdot \cos \varphi \cdot \cos \delta \cdot \cos t}{\cos \varphi \cdot \cos \delta \cdot \sin t}$$

und, da $1 - \sin^2 \alpha = \cos^2 \alpha$ ist:

$$\cot Az = \frac{\sin \delta \cdot \cos^2 \varphi - \sin \varphi \cdot \cos \varphi \cdot \cos \delta \cdot \cos t}{\cos \varphi \cdot \cos \delta \cdot \sin t}$$

$$= \frac{\sin \delta \cdot \cos^2 \varphi}{\cos \varphi \cdot \cos \delta \cdot \sin t} - \frac{\sin \varphi \cdot \cos \varphi \cdot \cos \delta \cdot \cos t}{\cos \varphi \cdot \cos \delta \cdot \sin t}$$

So, nun können wir kürzen und die Formel $\dfrac{\sin \alpha}{\cos \alpha} = \tan \alpha$ anwenden

$$\cot Az = \frac{\tan \delta \cdot \cos \varphi}{\sin t} - \sin \varphi \cdot \cot t$$

oder, da $\dfrac{1}{\sin t} = \text{cosec } t$ ist,

$$\cot Az = \tan \delta \cdot \cos \varphi \cdot \text{cosec } t - \sin \varphi \cdot \cot t$$

Dividiert man durch cos φ bzw. multipliziert man mit sec φ, ist

$$\cot Az \cdot \sec \varphi = \tan \delta \cdot \text{cosec } t - \tan \varphi \cdot \text{cotg } t$$

Diese Formel liegt den sogenannten ABC-Tafeln der astronomischen Navigation zugrunde.

Man setzt

$$\begin{aligned} \cot Az \cdot \sec \varphi &= C \\ -\tan \varphi \cdot \cot t &= A \\ \tan \delta \cdot \operatorname{cosec} t &= B \end{aligned}$$

Dann ist

$$A + B = C$$

Die Werte von A, B und C sind in Tafel 19 der Nautischen Tafeln tabuliert.

Bestimmung des Azimuts mit Hilfe der ABC-Tafel

Das Azimut eines Gestirns müssen wir kennen
— für die Gewinnung der astronomischen Standlinien,
— für die astronomische Bestimmung der Ablenkung des Kompasses.
Das Azimut ist mit Hilfe der ABC-Tafel (Tafel 19) aus östlichem bzw. westlichem Stundenwinkel, Breite und Abweichung in folgender Weise zu bestimmen:
Die ABC-Tafel besteht aus den drei Teilen A, B und C. Bei dem Entnehmen der Werte sind Vorzeichenregeln zu berücksichtigen, die am Rand der Tafeln angegeben sind.
In die Tafel A gehen wir mit t und φ ein. Der entnommene Wert A bekommt das Vorzeichen —, wenn der Stundenwinkel spitz, das heißt kleiner als 90° ist, das Vorzeichen +, wenn t stumpf, also größer als 90° ist.
Rechts von der A-Tafel finden wir die B-Tafel.
Aus dieser entnimmt man mit δ und t den Wert B. B ist positiv, wenn φ und δ gleichnamig sind, also entweder beide N oder beide S. Ist dies nicht der Fall, ist B negativ.
Man bildet nun die algebraische Summe:

$$A + B = C$$

Mit diesem C geht man in die dritte Tafel, die C-Tafel, ein und zwar unter φ und in dieser Reihe waagerecht so weit nach rechts, bis man den Wert C findet. Senkrecht über dieser Zahl findet man dann am oberen Tafelrand das Azimut, und zwar viertelkreisig. Das Weitere müssen wir aus den Vorzeichen der Werte φ und t schließen.

Ist C positiv, so ist das Azimut gleichnamig mit der Breite; ist es negativ, so ist das Azimut ungleichnamig mit der Breite. Der Name des Stundenwinkels (ö oder w) gibt uns den Sinn, in dem das Azimut nun viertelkreisig herum zu zählen ist.

Praktisch ist das Arbeiten mit den Tafeln nicht immer eine reine Freude, da eine umständliche Interpolation zwischen vier Werten erforderlich ist. Das gilt besonders für Gestirne nahe dem Meridian. Steht das Gestirn in annähernd Ost oder West, wird man bequem nach Sicht einschalten können. Die Tafeln sind begrenzt auf Breiten bis $\varphi = 72°$ und Abweichungen bis $\delta = 63°$. Das ist für den Normalverbraucher durchaus ausreichend. Kommt es zu Extremwerten, so muß man A, B, C nach den abgeleiteten Formeln selbst berechnen. Die Formeln sind sicherheitshalber am oberen Rand jeder Tafel vermerkt.

Beispiel 1:

Es sei $\varphi = 52° \, 28' \, N$, $\delta = 23° \, 13' \, N$, $t_w = 62° \, 23'$.

Welches ist das Azimut des Gestirns?

Wir gehen mit folgenden Werten ein:

$$\varphi = 53,5° \, N$$
$$\delta = 23,2° \, N$$
$$t_w = 62,4°$$

Die Tafeln liefern:

$$A = -0,71$$
$$B = +0,48$$
$$C = -0,23$$
$$Az = S \quad 82° \, W \quad \text{(viertelkreisig)}$$
$$Az = 262° \quad \text{(vollkreisig)}$$

Man kann das genaue Einschalten etwa nach folgendem Schema vornehmen:

		62°	62,4°	63°
	53°	0,71		0,68
φ	53,5°	0,72	0,71	0,69
	54°	0,73		0,70
	23°	0,48		0,48
δ	23,2°	0,48	0,48	0,48
	24°	0,50		0,50

Beispiel 2:

$$t_w = 162° 36,5'$$
$$\varphi = 41° 26,4' \text{ N}$$
$$\delta = 15° 45,5' \text{ S}$$

Beachte: In diesem Falle sind φ und δ *un*gleichnamig, und t ist stumpf.

Es ergibt sich:

$$A = + 2,82$$
$$\underline{B = - 0,95}$$
$$C = + 1,87$$

$$Az = N\ 35,5° W = 324,5°$$

● Übungsaufgaben

Zur Übung bestimme das Azimut in den Fällen der Aufgaben 1–6 auf Seite 99.

Übergang von Zeitmaß in Bogenmaß

Da $24^h \rightarrow 360°$ entsprechen, gilt:

$$1^h \rightarrow \frac{360}{24} = 15°$$
$$4^m \rightarrow\ \ \ = 1°$$
$$1^m \rightarrow\ \ \ = 15'$$
$$4^{sec} \rightarrow\ \ \ = 1'$$
$$1^{sec} \rightarrow\ \ \ = 15''$$

Rechnen wir nach diesen Feststellungen ein Beispiel:
In Bogenmaß zu verwandeln ist die Zeitangabe $6^h\ 15^m\ 30^s$.
Da $1^h = 15°$ ist, sind $6^h = 6 \times 15 = 90°$.
Je 4^m geben $1°$, also $15 : 4 = 3°$. Es bleibt der Rest 3^m.
Jede 1^m sind $15'$, also $3 \times 15 = 45'$.
Jede 4^s geben $1'$, also $30' : 4 = 7'$. Es bleibt ein Rest von 2^s.
Jede 1^s liefert $15''$, also $2 \times 15 = 30''$.
Durch Addition erhalten wir das Ergebnis:

$$6^h\ 15^m\ 30^s = 93°\ 52'\ 30''$$

Merkregel:

abwechselnd: mal 15, durch 4

Wer das nicht sicher kann, benutzt die doppelte Beschriftung der Nautischen Tafel 17.

Daß $6^h = 90°$ sind, weiß er. Für $0^h\ 15^m\ 30^s$ findet er $3°\ 52,5'$, also $3°\ 52'\ 30''$.

Die Lösung lautet dann:

$$90° + 3°\ 52'\ 30'' = 93°\ 52'\ 30''$$

Übergang von Bogenmaß in Zeitmaß

Jetzt findet man:

$$15° \rightarrow 1^h$$
$$1° \rightarrow 4^m$$
$$15' \rightarrow 1^m$$
$$1' \rightarrow 4^s$$
$$15'' \rightarrow 1^s$$

Welcher Angabe im Zeitmaß entspricht z. B. die Angabe $55°\ 36,5'$?

Lösung: $45° : 15 \rightarrow 3^h$

Rest $10°$

$10 \times 4 \rightarrow 40^m$

$30' \rightarrow 2^m$

Rest $6,5$

$6,5 \times 4 \rightarrow 26^s$

Die Addition liefert:

$$3^h\ 42^m\ 26^s$$

Merkregel:

abwechselnd: durch 15, mal 4

In Tafel 17 fänden wir mit weniger Mühe für $55°\ 36,5'$ denselben Wert $3^h\ 42^m\ 26^s$.

Abweitung und Längenunterschied

Angenommen, auf der Erde liegen zwei Orte, A-büttel und B-büttel, auf den Meridianen $10°0$ und $70°0$. Dann ist ihr Längenunterschied – wir nennen ihn l – $= 60°$.

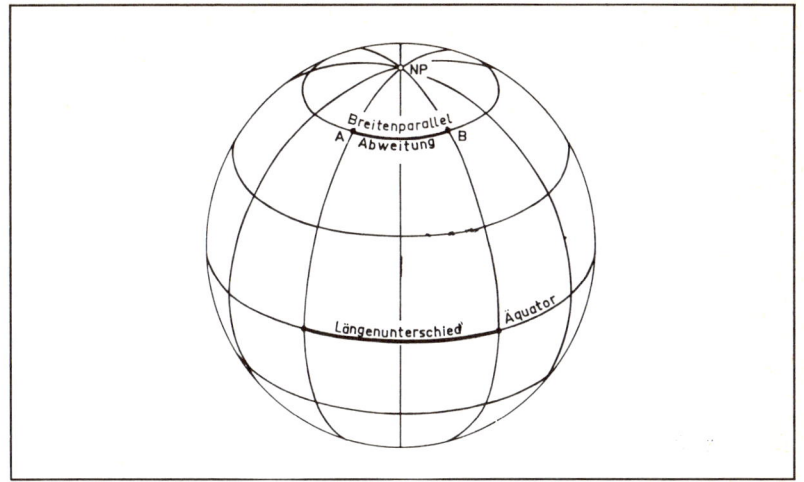

Abb. 64   Abweitung und Längenunterschied

Liegen die Orte beide auf dem Äquator, dann wäre ihr Abstand l = 60° = 3600 Seemeilen.

Liegen sie beide auf dem Breitenkreis 60°, ist ihr Abstand viel kleiner, wie Abb. 64 zeigt.

Den Abstand in Seemeilen in Ost-West-Richtung, das heißt auf dem Breitenparallel, nennt man *Abweitung* (a).

Den Zusammenhang zwischen Abweitung und Längenunterschied finden wir, wenn wir im Sinne von Abb. 65 zunächst den Radius des Breitenparallels, dann den Umfang und dann den l entsprechenden Teil berechnen.

Abb. 65 zeigt, daß cos $\varphi = \dfrac{r}{R}$ also r = R · cos φ ist.

Den Umfang erhalte ich, indem ich mit 2 π multipliziere:
$$2\,r\,\pi = 2\,R\,\pi \cdot \cos \varphi$$
Also: Ich erhalte den Umfang (2 r π) des Breitenparallels, indem ich den Äquatorumfang (2 R π) mit cos φ multipliziere.

Entsprechend gilt auch für l = 60° auf dem Äquator, also den 6. Teil, daß ich den zugehörigen 6. Teil des Breitenparallels, also a, erhalte, indem ich l mit cos φ multipliziere.

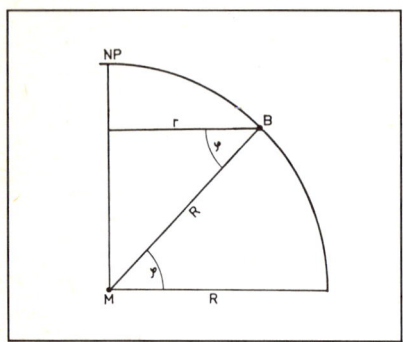

Abb. 65   Berechnung des Radius eines Breitenparallels

Entsprechend ist:

$$a = l \cdot \cos \varphi$$

$$l = a \cdot \sec \varphi$$

Diese Rechnung wird uns abgenommen durch Tafel 4 der Nautischen Tafeln. Natürlich darf man auch den Rechenschieber oder andere Hilfsmittel benutzen. Wie man Tafel 4 benutzt, ist in den Erläuterungen beschrieben. Eingang für die Abweitung sind nur die Einer 1 bis 9. Aber daraus kann man durch Versetzen des Dezimalstriches leicht die Werte für die Zehner oder die Zehntel erhalten. Für 100 sm ist ein besonderer Wert angegeben. Wie groß ist z. B. der Längenunterschied, der auf 52° Breite zu der Abweitung a = 471,4 gehört?

Wir finden für	a = 100 sm	l = 162,4′
Dann ist für	a = 400 sm	l = 649,6′
Weiter finden wir		
für 7 sm	l = 11,37, also für 70	l = 113,7′
und für 1 sm		l = 1,62′
und für 0,4 sm	(6,5 · 0,1)	l = 0,65′
	Das ergibt	l = 765,57′

Umgekehrt sei l = 40′ gegeben. Welches a entspricht ihm auf 53° 20′ Breite?

Wir finden in der Reihe 53° 20′ nur 3,35 für die Abweitung (siehe oben am Kopf der Tafel) a = 2 sm. Zu l = 33,5′ gehört dann a = 20 sm. Für den Rest 40′ − 33,5′ = 6,5′ liefert die Tafel a = 4 sm. Zu l = 40′ gehört also die Abweitung 24 sm.

● Übungsaufgaben

1. Welcher Längenunterschied l entspricht der Abweitung a = 12,8 sm auf 65° 8′ Breite?

2. Der Längenunterschied l = 3° 40′ auf φ = 46° 0′ N ist in Abweitung zu verwandeln.

Das Kursdreieck

Steuert ein Schiff Nord oder Süd, das heißt bewegt es sich auf einem Meridian, ändert sich nur die Breite. Die zurückgelegte Distanz ist gleich dem Breitenunterschied zwischen Abfahrts- und Zielort.

Fährt es auf einem Breitenparallel (Kurs Ost oder West), so ändert es nur seine Länge. Die zurückgelegte Distanz ist dann gleich der Abweitung beider Orte voneinander.

Steuert das Schiff einen Zwischenkurs, so ändern sich Breite und Länge. Meridian, Breitenparallel und Weg des Schiffes bilden dann ein, wie Abb. 66 es andeutet, rechtwinkliges Dreieck. Es ist rechtwinklig, weil Meridian und Breitenparallel sich unter 90° schneiden.

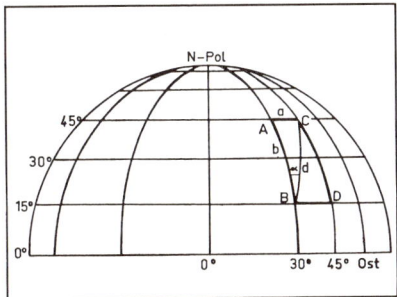

Abb. 66   Das Kursdreieck

Breitenunterschied b und Abweitung a sind durch Kurs und Distanz des Schiffes bestimmt. Die Abbildung hilft uns, die Beziehungen als Funktion des Kurswinkels α und der Distanz d zu finden. Es ist:

$$\sin \alpha = \frac{a}{d} \text{ , also } a = d \cdot \sin \alpha$$

$$\cos \alpha = \frac{b}{d} \text{ , also } b = d \cdot \cos \alpha$$

Man hat für jeden Kurswinkel von 0° bis 90° und jede Distanz von 1 bis 600 sm die Werte b und a berechnet, die uns die Tafel 3 zur Verfügung stellt. Die Tafel heißt *Gradtafel* und gestattet uns, schnell die Grundaufgaben der Besteckrechnung zu lösen.

Man beachte, daß die Tafeln für die Winkel von 0° bis 45° mit der oberen Beschriftung, *für Winkel über 45° jedoch mit der unteren Beschriftung* zu benutzen sind (a- und b-Spalte vertauscht!). Für $\alpha = 30°$ ist bei einer Distanz von 16 sm — bitte nachschlagen — b = 13,9′, a = 8,0 sm. Für den Winkel $\alpha = 60°$ jedoch ist b = 8,0′, a = 13,9 sm.

Besteckrechnung

Zwei Grundaufgaben hat der Schiffsführer zu lösen. Wir haben sie bisher in der Seekarte zeichnerisch gelöst. Nun können wir sie auch rechnerisch anfassen:

● Erste Grundaufgabe
Man kennt seinen Abfahrtsort, den gesteuerten Kurs und die versegelte Distanz; der erreichte Ort ist zu bestimmen.

● Zweite Grundaufgabe
Man kennt Abfahrts- und Bestimmungsort. Bestimmen soll man den zu steuernden Kurs und die zu versegelnde Distanz.

● Rechnerische Lösung der ersten Grundaufgabe
Eine Yacht steht auf 49° 50′ N 10° 40′ W und segelt auf dem rechtweisenden Kurs 50° 22 sm. Wo steht sie dann?

Mit dem Kurs 50° und d = 22 sm entnehme ich aus der Gradtafel folgende Werte:

$$b = 14,1$$
$$a = 16,9$$

Bringe ich den Breitenunterschied b an der Breite des Abfahrtsortes an, habe ich die Breite des Zielortes.

Eine Schwierigkeit ergibt sich bei der Verwandlung der Abweitung a in den Längenunterschied l. Für welche Breite soll ich umwandeln? Nehme ich die Breite des Abfahrtsortes oder des Zielortes?

Wir nehmen einen mittleren Wert, die sogenannte *Mittelbreite.* Das ist für die kleinen Versegelungen, die bei unseren Fahrten vorkommen, genau genug.

Wir erhalten diese Mittelbreite leicht, indem wir den halben Breitenunterschied (b/2) am φ des Abfahrtsortes anbringen.

Mit dieser Mittelbreite gehen wir in Tafel 4 ein.

Die Rechnung sieht nun so aus:

verlassene Breite φ_1	=	49° 50′ N	
Breitenunterschied b	=	14′ N	(b ist zu addieren, da wir nördlich steuern)
erreichte Breite φ_2	=	50° 4′ N	

$$\text{Mittelbreite} = \varphi_1 + \frac{b}{2} = 49° 50′ + 7′ = 49° 57′ \sim 50° \text{ N}$$

Nach Tafel 4 ist: a = 16,9 → l = 26,3′
(10 → 15,6; 6 → 9,33; 0,9 → 1,4; zusammen 26,3)

verlassene Länge λ_1	=	10° 40′ W	
Längenunterschied l	=	26′ O	(abzuziehen, da wir östlich steuern)
erreichte Länge λ_2	=	10° 14′ W	

● Rechnerische Lösung der zweiten Grundaufgabe

Man segelt von 54° 5′ N 3° 30′ O nach 54° 40′ N 1° 35′ O. Gesucht sind Kurs und Distanz.

verlassene Breite φ_1	=	54°	5′ N
erreichte Breite φ_2	=	54°	40′ N

Breitenunterschied b	=		35′ N

verlassene Länge λ_1	=	3°	30′ O
erreichte Länge λ_2	=	1°	35′ O

Längenunterschied l	=	1°	55′ W

Mittelbreite φ_m = 54° 5′ + 17,5′ = 54° 22,5′ ~ 54° 20′

Nach Tafel 4: l = 1° 55′ = 115′   a = ?

l =	102,9	a = 60 sm
l =	12,1	a = 7 sm
l =	115,0	a = 67 sm

Nun hat man in Tafel 3 eine Seite zu suchen, auf der in der a-Spalte 67 und in der b-Spalte 35′ nebeneinanderstehen. Wir finden: Der Winkel, bei dem das am besten paßt, ist 62°. Der zugehörige Wert in der d-Spalte heißt 76. Da wir ein nördliches b und ein westliches l fanden, lautet unsere Antwort:

zu steuernder Kurs: N 62° W

zu versegelnde Distanz: 76 sm

Den Kurswinkel hätten wir auch nach der Formel

$$\tan \alpha = \frac{a}{b}$$

berechnen können, die wir aus dem Kursdreieck auf Seite 107 ableiten. Das ergibt:

$$\tan \alpha = \frac{67}{35} = 1,92$$

Nach Tafel 13 „Natürliche Werte der trigonometrischen Funktionen" ist

$a = 62,5°$

110

● Übungsaufgaben

1. Von 42° 21′ N 28° 43′ W steuert man rw Süd 84 sm. Auf welcher Breite und Länge steht man?

2. Von 56° 18′ N 5° 41′ O steuert man rw Ost 30 sm. Auf welcher Breite und Länge befindet man sich?

3. Von 48° 11′ N 8° 47′ W steuert man rw 203° 72 sm. Auf welcher Breite und Länge befindet man sich?

4. Von 25° 42′ N 94° 27′ W fährt man nach 19° 54′ N 94° 27′ W. Welchen rw Kurs steuerte man, und welche Distanz legte man zurück?

5. Von 35° 25′ S 133° 10′ O fährt man nach 35° 25′ S 124° 48′ O. Welchen rw Kurs steuerte man, und welche Distanz legte man zurück?

6. Von 39° 55′ N 67° 13′ W fährt man nach 36° 49′ N 73° 51′ W. Welchen rw Kurs steuerte man und welche Distanz legte man zurück?

Astronomische Ortsbestimmung

ALLGEMEINE THEORIE DER ASTRONOMISCHEN STANDLINIE

Die Höhengleiche

Unsere Vorbereitungen sind nun soweit gediehen, daß wir an unsere Aufgabe herangehen können, den wahren Ort unseres Schiffes astronomisch zu bestimmen.

Unser Ziel muß sein, diesen Schiffsort als Schnittpunkt von zwei oder mehr Standlinien zu finden. Auch in der terrestrischen Navigation suchen wir ja Standlinien für unser Schiff. Wir erhalten

> durch Peilung gerade Linien als Standlinien,
> durch Abstandsbestimmung Kreise als Standlinien,
> durch Horizontalwinkelmessung Kreise als Standlinien.

Dann kommen wir zu einem Schiffsstandort dadurch, daß wir zwei dieser Standlinien zum Schnitt bringen. Werden die Beobachtungen nicht zur selben Zeit gemacht, so kann die zum früheren Zeitpunkt gewonnene Standlinie um den Betrag der Zwischensegelung verschoben und dann mit der zweiten zum Schnitt gebracht werden. So kommen wir zu den *Verfahren ohne Versegelung:*

> Kreuzpeilung
> Peilung und Abstand
> Peilung und Horizontalwinkel
> Aufgabe der 4 Punkte

und den *Verfahren mit Versegelung:*

> Doppelpeilung
> Vierstrichpeilung
> abgestumpfte Doppelpeilung

Genauso wollen wir in der astronomischen Schiffsortbestimmung Standlinien aus Höhenbetrachtungen gewinnen und zwei Verfahren entwickeln, die wir

> Ort aus zwei Höhen ohne Versegelung
> Ort aus zwei Höhen mit Versegelung

nennen.

Der durch Loggerechnung gefundene gegißte Schiffsort werde im folgenden mit O_g, der durch astronomische Standlinien gewonnene wahre Ort mit O_w bezeichnet.

Die Strecke $O_g - O_w$ ist die *Besteckversetzung* und wird nach Richtung und Größe angegeben.

Wie gewinne ich eine astronomische Standlinie?

Stellen wir uns Himmel und Erde als konzentrische Kugeln vor. Dann kann jeder Punkt und damit auch jede Linie der Himmelskugel einem Punkt oder einer Linie der Erdkugel zugeordnet werden, indem man den Punkt des Himmelsgewölbes durch eine Gerade mit dem Mittelpunkt der Erde verbindet. Diese Verbindungslinie durchstößt die Erdkugel in einem Punkt, den wir Projektionspunkt oder *Bildpunkt* nennen, wenn er nicht schon auf der Erde einen Namen hat. Man spricht bei diesem Zuordnungsverfahren von einer *Zentralprojektion*.

Es entsprechen sich in diesem Sinne:

Himmel	Erde
Zenit	Beobachtungsort
Himmelspol	Erdpol
Himmelsäquator	Erdäquator
Abweichungsparallel	Breitenkreis
Stundenkreis	Meridian
Abweichung	geographische Breite
Himmelsmeridian eines Ortes	Meridian des Ortes

Nach diesem Prinzip bekommt auch jeder Stern G seinen Bildpunkt G', indem wir ihn mit M verbinden. Man könnte diesen Punkt G' auch Zenitalpunkt nennen, weil ein Beobachter in diesem Punkt den Stern G senkrecht über sich, also im Zenit sieht (Abb. 67).

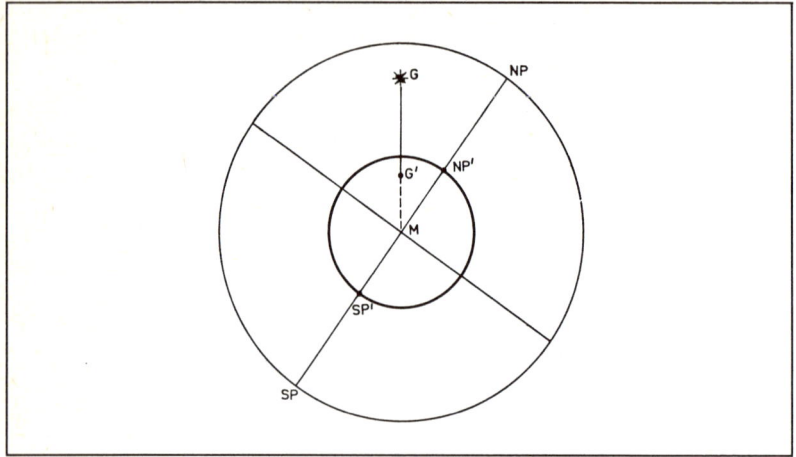

Abb. 67   Zuordnung von Punkten auf der Erd- und Himmelskugel

Wo liegt der Bildpunkt, wie kommen wir hin?

Wenn ich von meinem Standort B aus den Bildpunkt G′ auf dem kürzesten Wege, das heißt auf dem Großkreis erreichen will, muß ich, wie man aus Abb. 68 ersieht, auf dem Großkreis BG′ fahren. Diesem Großkreis entspricht aber auf der Himmelskugel nach unserem Projektionsverfahren der Vertikalkreis durch das Gestirn. Dem Stück BG′ entspricht das Stück z des Vertikalkreises. Das ist aber die Zenitdistanz z des Sterns. Steht der Stern 60° hoch über dem Horizont, um ein Beispiel zu nehmen, dann ist die Zenitdistanz als Komplement der Höhe $z = 90° - h = 90° - 60° = 30°$. Ich muß also 30 x 60 = 1800 Seemeilen segeln, um G′ zu erreichen.

Welchen Kurs muß ich steuern? Die Richtung, in der G′ von B aus liegt, ist der Winkel G′BP′, wie uns Abb. 68 zeigt. Diesem Winkel entspricht am Himmel der Winkel GZP, das Azimut des Sterns.

Die Antwort auf die Frage lautet also:

Segele in Richtung des Gestirns soviel Seemeilen, wie die Zenitdistanz des Gestirns Minuten hat.

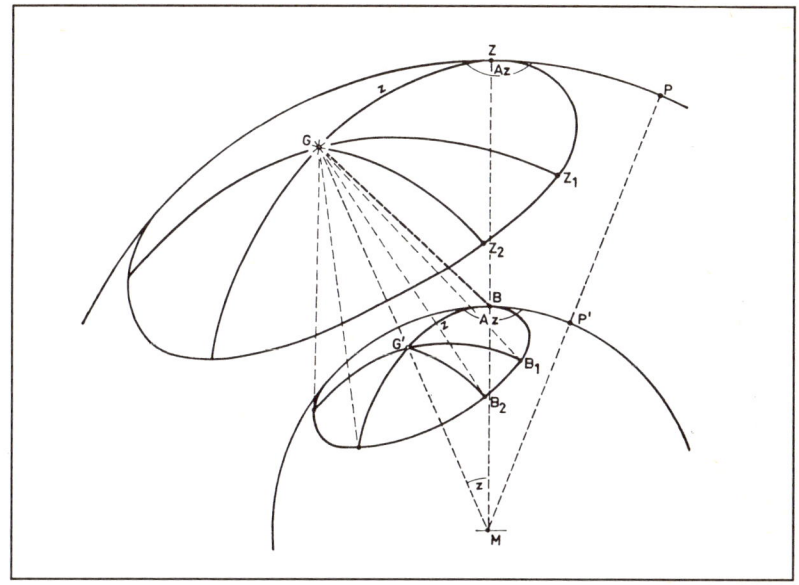

Abb. 68   Bildpunkt und Höhengleiche

Die Koordinaten des Bildpunktes

Kann man auch die Koordinaten des Bildpunktes G angeben? Obgleich wir sie im folgenden nicht direkt brauchen, wollen wir es tun.

Zunächst schließen wir aus Abb. 69, daß die geographische Breite des Bildpunktes gleich der Abweichung des Gestirns ist. Dem Abstand des Bildpunktes G′ vom Erd-Nordpol entspricht ja der Abstand des Gestirns G vom Himmels-Nordpol.

Um die Länge des Bildpunktes zu erhalten, erweitern wir unsere Zeichnung, indem wir Greenwich (Gr) einzeichnen und den Nullmeridian von Greenwich. Der Beobachter B in der Zeichnung hat eine westliche Länge. Dem Orte Gr entspricht am Himmel der Zenit von Greenwich Z_{Gr}. Der Großkreis am Himmel durch Pole und Z_{Gr} (NP-Z_{Gr}-SP) ist dann der Himmelsmeridian für Greenwich. Er entspricht dem Nullmeridian auf der Erde

(NP'-Gr-SP'). Der durch das Gestirn gehende Stundenkreis (NP-✳-SP) entspricht dem Meridian des Ortes G', also des Bildpunktes. Der Winkel am Himmelspol zwischen dem Stundenkreis des Gestirns und dem Himmelsmeridian von Greenwich (G-NP-Z$_{Gr}$) ist der Ortsstundenwinkel unseres Gestirns vom Standpunkt der Greenwicher aus: der Greenwicher Stundenwinkel (t_{Gr}). Diesem Winkel entspricht auf der Erde der Winkel G'-NP'-Gr, also die Länge des Bildpunktes.

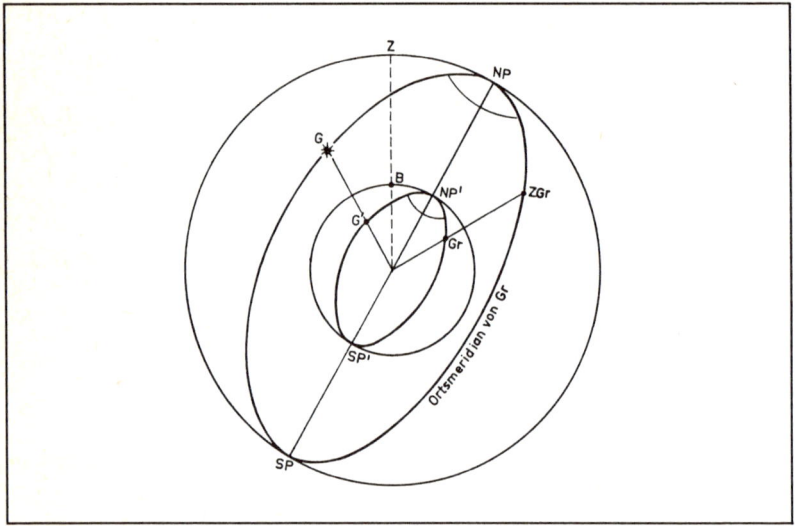

Abb. 69   Die Koordinaten des Bildpunktes

Die Koordinaten des Bildpunktes lauten also:

$$\varphi = \delta$$
$$\lambda = t_{Gr}$$

Im Jahrbuch werden also für Sonne, Mond und Planeten faktisch die Koordinaten des Bildpunktes angegeben.

Gibt es nun noch andere Beobachter, die das Gestirn in der gleichen Höhe beobachten wie der Beobachter in B?

In der Tat! Alle diese Beobachter B$_1$, B$_2$ ... (Abb. 68), die das Gestirn in derselben Höhe, also auch in derselben Zenitdistanz beobachten, müssen ihren Zenit in der Entfernung z zum Gestirn haben, also auf einem Kreis um G mit dem Radius z. Projizieren wir diesen Kreis, den wir in Abb. 68 einzeichneten, auf die Erde, so erhalten wir wieder einen Kreis, auf dem alle Beobachter stehen, die das Gestirn – zu der gleichen Zeit natürlich – in der gleichen Zenitdistanz, also auch in der gleichen Höhe beobachten. Diesen Kreis nennen wir *Höhengleiche*. Sein Mittelpunkt ist der Bildpunkt, sein Radius die Zenitdistanz z des Gestirns.

Die Höhengleiche, auf der man, um es noch einmal klar zu wiederholen, das *gleiche* Gestirn zur *gleichen* Zeit in der *gleichen* Höhe beobachtet, ist die gesuchte Standlinie. Denn wir suchten ja eine Linie, auf der alle Beobachter stehen, die ein Gestirn in einer bestimmten Höhe beobachten. Die Höhengleiche ist ein Großkreis, wenn die Höhe h = 0 ist, im praktischen Fall also immer ein Nebenkreis. Sein Halbmesser ist um so kleiner, je höher der Stern steht (Abb. 70).

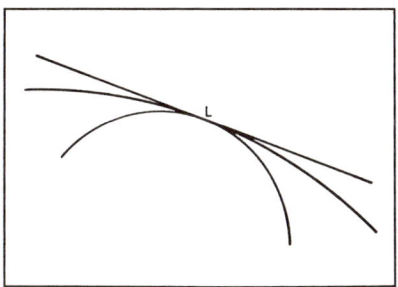

Abb. 70

Die Höhengleiche braucht aber praktisch nicht ganz gezeichnet zu werden, ihr Halbmesser ist dazu auch viel zu groß (siehe Beispiel h = 60°, z = 30° = 1800 sm). Für die Schiffsführung ist nur sein Verlauf in der Nähe des Beobachters B selbst interessant, wo ja auch bei den üblichen Versetzungen, mit denen wir rechnen müssen, der wahre Ort liegen muß. Hier kann aber die Höhengleiche ohne nennenswerten Fehler durch die Tangente ersetzt werden. Und diese *Tangente an die Höhengleiche* sei in Zukunft unsere *astronomische Standlinie*.

Steht das Gestirn allerdings sehr hoch, ist die Zenitdistanz sehr klein, die Höhengleiche sehr stark gekrümmt. In diesem Fall darf ich die Höhengleiche nicht durch ihre Tangente ersetzen. Daraus folgt die Regel für die Praxis:

117

Gestirne in sehr großen Höhen (über 85°) dürfen zur Gewinnung astronomischer Standlinien n i c h t benutzt werden!

Da die Tangente an einem Kreis im Berührungspunkt senkrecht auf dem Radius des Kreises steht, steht unsere Höhengleichentangente, das heißt die astronomische Standlinie, senkrecht auf dem Radius MB, sie verläuft also senkrecht zum Azimut des Gestirns (Abb. 71).

Wir brauchen den Mittelpunkt, den Bildpunkt des Gestirnbildes, selbst nicht zu zeichnen. Er läge ja auch in dem angenommenen Fall h = 60° 1800 sm entfernt, und keine Seekarte reichte dafür aus.

Stellen wir uns vor, wir könnten als außerirdische Beobachter mit einer Lupe die Umgebung von B betrachten (Abb. 72), so sähen wir durch B folgendes hindurchlaufen:

— den Meridian von B. Diese Richtung BNP′ ist die Richtung rechtweisend Nord.

— den Weg zum Bildpunkt (BG′). Er verläuft in der Richtung nach G′, die gleich dem Azimut des Gestirns ist. Dazu senkrecht läuft die Tangente an die Höhengleiche, die Standlinie.

Normalerweise zeichnen wir N nach oben. Drehen wir unser Lupenbild also um 90°, so sieht es aus wie in Abb. 73 gezeichnet.

In der Praxis gewinnt man die Standlinie so: Stehe ich nach Logge in einem Bestecksort O_g, so kann ich die zu erwartende Standlinie für ein bestimmtes Gestirn für eine bestimmte Zeit für diesen Ort berechnen und zeichnen. Denn aus der gegebenen Beobachtungszeit, der Abweichung des Gestirns und der Breite des Loggeortes kann ich die zu erwartende Höhe und das Azimut berechnen.

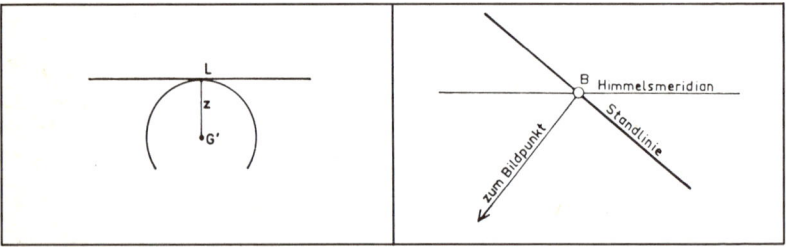

Abb. 71

Abb. 72   Umgebung des Punktes B in Abb. 69

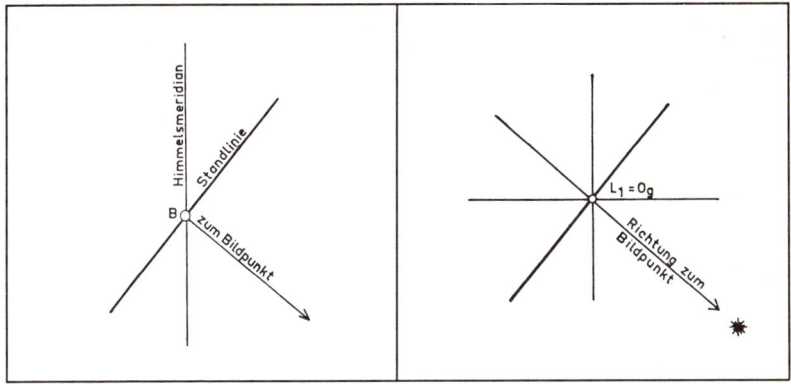

Abb. 73   Abb. 72 um 90° gedreht   Abb. 74   Standlinie im Falle $\Delta h = 0$

Trage ich in O_g dann das Azimut an, so läuft senkrecht dazu die zu erwartende Standlinie (Abb. 74).

Diese Standlinie ist freilich nur richtig, wenn O_g der wirkliche Standort des Schiffes ist.

Stellt sich bei der Beobachtung heraus, daß die beobachtete Höhe h_b größer ist als die vorausberechnete Höhe h_r, so bedeutet das, daß die Zenitdistanz z_b kleiner als die berechnete z_r ist, daß also der Radius der Höhengleiche kleiner ist, als von uns in der Zeichnung angenommen. Das bedeutet, daß die Standlinie nicht durch O_g geht, sondern durch einen Punkt, der näher zum Bildpunkt hin liegt, und zwar um den Betrag, den die Zenitdistanz, der Radius, kleiner ausgefallen ist.

Nennen wir den Unterschied $h_b - h_r = \Delta h$, so ist in unserem Falle $\Delta h = h_b - h_r$ positiv, größer als Null. Trage ich dieses $\Delta h > 0$ vom Loggeort O_g zum Bildpunkt hin, das heißt in Richtung des Azimuts ab, so erhalte ich L, den *Leitpunkt,* durch den die Standlinie als Gerade senkrecht zum Azimutstrahl zu zeichnen ist (Abb. 75).

Es kann natürlich ebenso ein dritter Fall eintreten, daß h_b kleiner ist als das berechnete h_r. Dann ist $\Delta h = h_b - h_r$ kleiner als Null, also negativ.

Das bedeutet, daß $z_b > z_r$ ist. Die Standlinie läuft also außerhalb der erwarteten. Wir müssen das Δh vom Bildpunkt weg auf dem rückwärts verlängerten Azimutstrahl antragen, um den Leitpunkt L der Standlinie zu erhalten (Abb. 76).

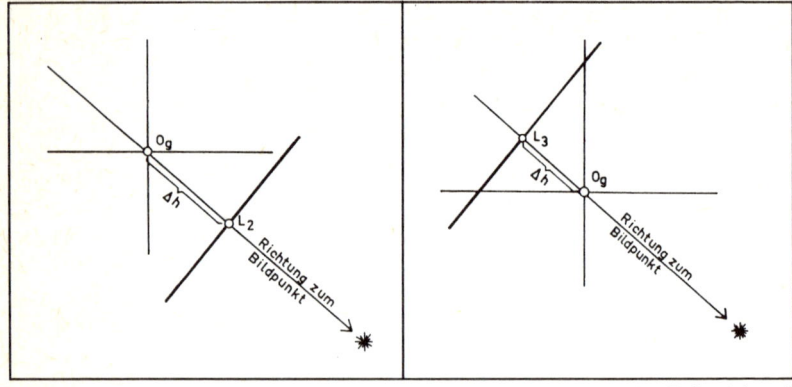

Abb. 75   Standlinie im Falle $\Delta h > 0$ *Abb. 76   Standlinie im Falle $\Delta h < 0$*

Fassen wir die *Regeln für die Konstruktion des Leitpunktes* zusammen:

1. $\Delta h = h_b - h_r = 0$:   Leitpunkt fällt mit O_g zusammen.
2. $\Delta h = h_b - h_r > 0$:   Man trägt das berechnete Azimut in O_g an und trägt auf diesem Strahl Δh zum Bildpunkt hin ab.
3. $\Delta h = h_b - h_r < 0$:   Man trägt in der dem Azimut entgegengesetzten Richtung Δh vom Bildpunkt *weg* ab.

Durch L geht in allen drei Fällen die Standlinie senkrecht zum Azimutstrahl bzw. seiner rückwärtigen Verlängerung.

Gewinnung der Standlinie

Im allgemeinen zeichnen wir unsere Standlinien gleich in die Seekarte ein. Wenn keine Seekarte genügend großen Maßstabs zur Verfügung steht, können wir auch unser Heft oder Koordinatenpapier nehmen und mit einem geeigneten, selbstgewählten Maßstab zeichnen.

Nach allen Vorbereitungen ergibt sich folgendes Verfahren, das wir dann gleich an einem Beispiel durchexerzieren wollen.

1. Man beschickt die Beobachtungszeit zur MGZ.
2. Für diese MGZ entnimmt man dem Jahrbuch die Abweichung δ und den Greenwicher Stundenwinkel t_{Gr}. Dieses t_{Gr} beschickt man zum Ortsstundenwinkel t und leitet daraus $t_ö$ bzw. t_w ab.
3. Man beschickt den abgelesenen Kimmabstand zur wahren Mittelpunkthöhe.
4. Mit φ_g, δ und $t_ö$ bzw. t_w berechnet man den Zenitabstand z_r, aus dem die berechnete Höhe h_r, als Komplement folgt.
5. Man bildet den Unterschied zwischen der beobachteten und der berechneten Höhe $\Delta h = h_b - h_r$ und stellt fest, ob das Δh zum Bildpunkt hin ($\Delta h > 0$) oder vom Bildpunkt weg ($\Delta h < 0$) auf dem Azimutstrahl abzutragen ist, um den Leitpunkt zu bekommen.
6. Man bestimmt das Azimut mit Hilfe der ABC-Tafel.
7. Man trägt am Loggeort das Azimut an und trägt darauf vom Loggeort aus Δh ab und erhält damit den Leitpunkt.
8. Durch den Leitpunkt zeichnet man die Standlinie senkrecht zur Azimutrichtung.

Beispiel:

Am 19. April 1973 gegen 4 Uhr Zonenzeit beobachtet man, nach Logge auf 59° 23′ N 4° 22′ O, den Atair:

$$B\text{-}UZt = 3^h\ 53^m\ 56^s \quad \text{abgelesener } \text{✳} = 35°\ 20{,}7′$$
$$lb = +\ 1′ \quad Ah = 2\ m, \quad \text{Stand} = +\ 0^m\ 39^s$$

Zu welcher MGZ fand die Beobachtung statt?

B-UZt	=	$3^h\ 53^m\ 56^s$
Stand	=	$+\ 0^m\ 39^s$
MGZ	=	$3^h\ 54^m\ 35^s$ den 19. 4. 73

Atair ist Stern Nr. 71. Für ihn entnehmen wir dem Jahrbuch:

$$\delta = 8°\ 47{,}7′$$
$$\beta = 62°\ 37{,}5′$$

und für die MGZ = $3^h\ 54^m\ 35^s$ den Greenwicher Stundenwinkel des Frühlingspunktes:

$3^h\ ♈\ t_{Gr}$	=	252° 4,6′
Zuwachs	=	13° 41,0′
$3^h\ 54^m\ 35^s\ ♈\ t_{Gr}$	=	265° 45,6′

Durch Anbringen von λ und β ermitteln wir daraus den Ortsstundenwinkel t des Sterns:

λ	=	4° 22,0′ O
Υ t	=	270° 7,6′
β	=	62° 37,5′
$\ast$ t	=	332° 45,1′, das bedeutet
$\ast$ $t_\ddot{o}$	=	27° 14,9′

Nun berechnen wir h_r:

$t_\ddot{o}$ = 27° 14,9′		lg sem t	= 8,74418
φ = 59° 23,0′ N		lg cos φ	= 9,70697
δ = 8° 47,7′ N		lg cos δ	= 9,99487
		lg sem y	= 8,44602
		sem y	= 0,02798
$\varphi-\delta$ = 50° 35,3′		sem ($\varphi-\delta$)	= 0,18255
z_r = 54° 37,4′		sem z	= 0,21053
h_r = 35° 22,6′			

Das Azimut bestimmen wir mit Hilfe der ABC-Tafel:

$$A = -\ 3,26$$
$$B = +\ 0,34$$
$$C = -\ 2,95$$
$$Az = S\ 34°\ O$$
$$Az = 146°$$

Die Auswertung des abgelesenen Kimmabstandes ergibt:

abgelesener $\ast$	=	35° 20,7′
lb	=	+ 1,0′
$\ast$	=	35° 21,7′
Gb	=	− 4,0′
h_b	=	35° 17,7′

Der Vergleich dieses Wertes mit dem berechneten Wert h_r ergibt folgendes:

$$\Delta h = -\ 5′$$

Auf Papier gezeichnet sieht die Standlinie so aus, wie es Abb. 77 zeigt.

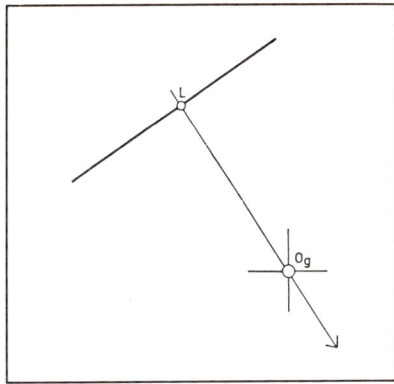

Abb. 77 Konstruktion der Standlinie des gerechneten Beispiels

● Übungsaufgaben

1. Am 17. 10. 73 um $9^h 30^m$ MEZ steht man nach Logge auf 54° 31′ N 6° 50′ O und beobachtet: B-UZt = $8^h 27^m 11^s$, abgelesener ☉ = 16° 53′, lb = − 3′, Ah = 7 m, Stand = + $1^m 1^s$. Wie groß sind Δ h und Azimut?

2. Am 19. 7. 73 gegen $4^h 15^m$ Zonenzeit auf 35° 35′ N 15° 27′ O beobachtet man: B-UZt = $3^h 14^m 54^s$, abgelesener ☽ = 43° 17,1′, lb = + 1′ Ah = 3,5 m, Stand = + $0^m 35^s$. Welches Δ h und Az ergeben sich?

Unabhängigkeit vom Rechenort

Während wir nun an den gestellten Aufgaben ausreichend Übungsstoff haben, der verdaut, verarbeitet werden muß, wollen wir einige wichtige Überlegungen anstellen.
Zunächst: Muß ich mit dem gegißten Ort O_g arbeiten? Nein, die Standlinie, auf der das Schiff wirklich steht, kann ja unmöglich von der Art abhängen, wie sie berechnet ist. Jeder benachbarte Loggeort muß zu derselben Standlinie führen (Abb. 78). Prüfen wir das einmal an einem konkreten Fall nach.

Am 15. 6. 73 beobachtet man, nach Logge auf 38° 47′ N 5° 10′ O ($O_{g\,1}$) stehend:

$$B\text{-}UZt = 15^h\ 13^m\ 3^s \text{ abgelesener } \odot = 43°\ 28′$$
$$Ib = -3′,\ Ah = 4\ m,\ Stand = -5^m\ 16^s$$

Die Rechnung ergibt für den Loggeort (bitte nachrechnen):
$$\Delta h = +5{,}5′ \qquad Az = S\ 87°\ W$$

Rechne ich mit dem Loggeort 38° 40′ N 5° 10′ O, ($O_{g\,2}$), also mit einer anderen Loggebreite, ergibt sich:
$$\Delta h = +5′ \qquad Az = S\ 87°\ W$$

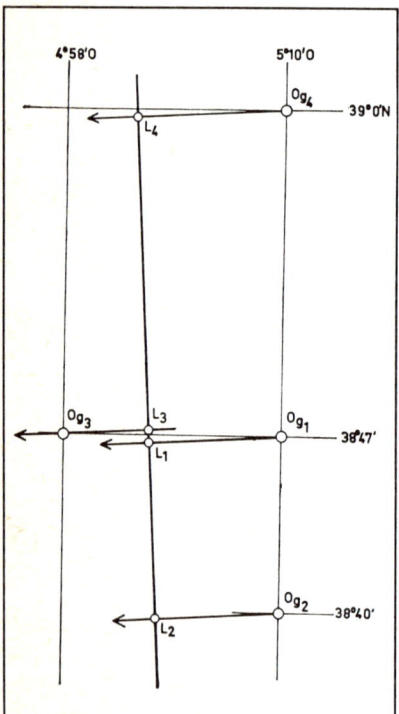

Abb. 78   Verschiedene Loggeorte führen zu derselben Standlinie

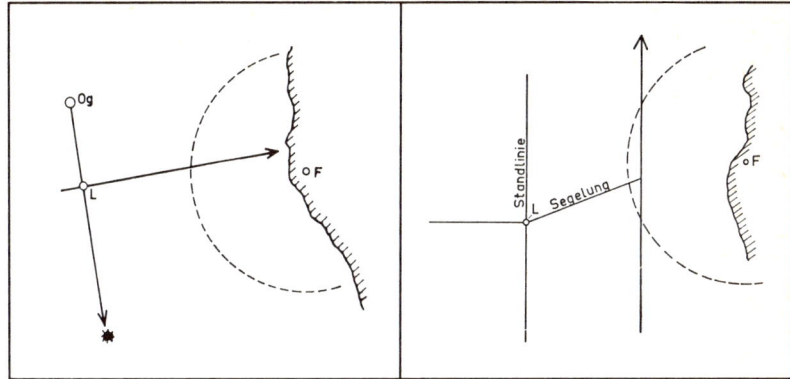

Abb. 79 Ausnutzung einer Einzelstandlinie

Abb. 80 Ausnutzung einer Einzelstandlinie

Rechne ich mit dem Loggeort 38° 47′ N 4° 58′ O, (O_g3), also mit einer anderen Länge, ergibt sich:

$$\Delta\ h = -\ 3,5' \qquad Az = S\ 87°\ W$$

Rechne ich mit 39° 0′ N 5° 10′ O, (O_g4), so ergibt sich:

$$\Delta\ h = +\ 6' \qquad Az = S\ 87°\ W$$

Die Zeichnung führt, wie in Abb. 78 durchgeführt, immer wieder auf dieselbe Standlinie.

Auswertung einer oder mehrerer Standlinien

Gelingt es mir nur, eine einzige astronomische Standlinie zu gewinnen, so reicht das im allgemeinen nicht zu einer Standortbestimmung, aber es sind doch in Küstennähe Fälle denkbar, in denen schon eine Standlinie weiterhilft (Abb. 79).

1. Die Standlinie geht beispielsweise, in die Seekarte eingetragen, verlängert durch ein Feuer oder einen Ansteuerungspunkt. Laufe ich dann in Richtung der Standlinie küstenwärts, dann muß ich das Feuer in Sicht bekommen.

2. Oder die Standlinie verläuft zufällig parallel zur Küste (Abb. 80). Sie gibt uns dann den Abstand von der Küste, und die Karte zeigt uns, ob wir die Richtung der Standlinie ohne Gefahr steuern können. Eventuell segeln wir auf unserem Kurs ein Stück an die Küste heran, um in den Feuerkreis von F zu kommen, und steuern dann die Richtung der Standlinie als Kurs.

Kann man auch eine astronomische mit einer terrestrischen Standlinie kombinieren?

Das ist selbstverständlich möglich. Auch mit einer Funkstandlinie kann ich die astronomische Standlinie zum Schnitt bringen. In dem Beispiel in Abb. 81 stand die Yacht nach Logge in O_g. Eine Sonnenbeobachtung lieferte für diesen Ort $\Delta h = + 4,3'$ Az $=$ S 32° O. Die Peilung des Leuchtturms A war rw 348°.

Auch in diesem Fall hat man natürlich auf einen guten Schnittwinkel zu achten. Die Peilung der Kirche B beispielsweise wäre nicht zu verwenden.

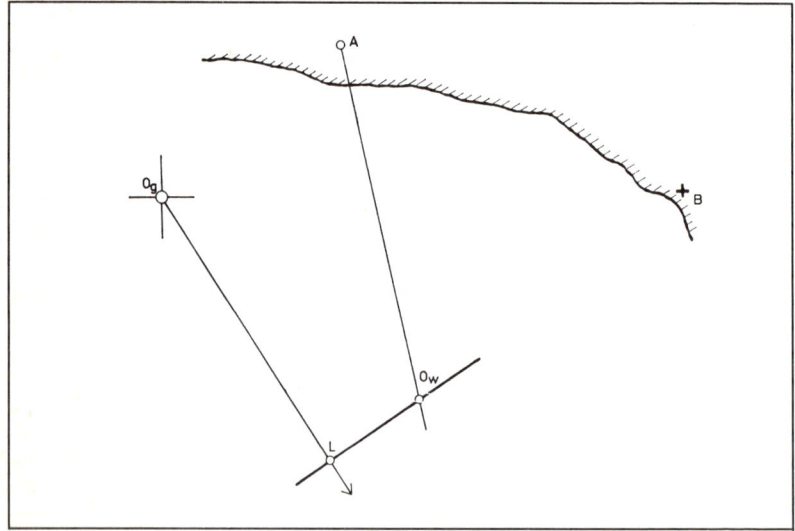

Abb. 81   Schiffsort aus einer astronomischen und einer terrestrischen Standlinie

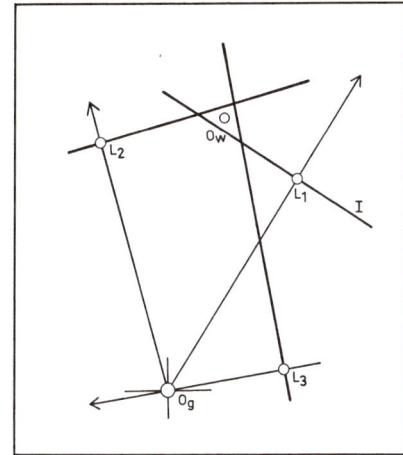

Abb. 82   Ort aus drei Höhen

Kann ich auch mehr als zwei Standlinien verwenden?

Selbstverständlich! Denken wir doch an die Kreuzpeilung von mehr als zwei Objekten.

Messe ich – siehe Abb. 82 – drei oder mehr Kimmabstände schnell hintereinander (so daß die Ortsveränderung dazwischen vernachlässigt werden kann), so trage ich die erhaltenen Δ h und Az im Loggeort an. Aber die Standlinien geben nur einen eindeutigen Schiffsort, gehen also durch einen Punkt, wenn die Werte fehlerfrei sind. Praktisch wird man meist ein kleines Dreieck erhalten. Als Schiffsort nehmen wir dann einen Punkt an, der nach Augenmaß in der Mitte des Dreiecks liegt. Ist das Dreieck groß, so ist mindestens eine Beobachtung fehlerhaft, der Schiffsort also sehr mit Vorsicht zu verwenden.

Versegelung einer Standlinie

Wird eine Standlinie nicht für den Augenblick der Beobachtung, sondern für einen späteren Zeitpunkt gebraucht, so kann man die Standlinie *versegeln,* wie wir das auch in der terrestrischen Navigation (z. B. bei der Doppelpeilung) gemacht haben.

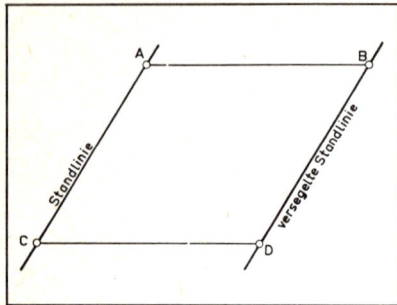

Abb. 83   Versegelung einer Standlinie

Man trägt dazu die Versegelung nach Kurs und Distanz in einem beliebigen Punkt der Standlinie an und zieht durch den Endpunkt eine Parallele zur Standlinie. In Abb. 83 versegelte man nach Gewinnung der Standlinie rw Ost 9 sm. Stand man in A, war man nach der Versegelung in B; stand man in C, war man nach der Versegelung in D. BD verläuft parallel zu CA.

Naturgemäß wird die versegelte Standlinie um so unzuverlässiger sein, je größer die Versegelung war. Denn um so spürbarer wirken sich dann Ungenauigkeiten in Kurs und Distanz und eventuelle Versetzungen durch Wind oder Strom aus.

DIE SCHIFFSORTBESTIMMUNG

Ort aus zwei Höhen ohne Versegelung

Zwei Standlinien der nun gewonnenen Art werden sich im allgemeinen schneiden. Ihr Schnittpunkt ist dann der gesuchte Schiffsort.

Sind die Beobachtungen zur gleichen oder jedenfalls fast zur gleichen Zeit gemacht, so ergeben die aus den Beobachtungen gewonnenen Δh_1, Az_1 und Δh_2, Az_2 sofort den Schiffsort. Man spricht dann von einem *Ort aus zwei Höhen ohne Versegelung.*

Die Beobachtungsgestirne müssen so gewählt werden, daß die Standlinien sich unter einem günstigen Winkel, möglichst unter 90°, jedenfalls nicht unter einem Winkel kleiner als 30° schneiden.

Fixsterne sind, wie wir bereits wissen, nur in der Dämmerung zu beobachten, weil die Kimm nachts nicht zu erkennen ist. Man muß versuchen, in der Dämmerung möglichst mehr als zwei Sterne zu „schießen". Je mehr Standlinien zum Schnitt gebracht werden, desto sicherer kann der Schiffsort bestimmt werden. Wie schon gesagt, müssen sehr große Höhen vermieden werden.

Ehe wir alle bisher gewonnenen Kenntnisse in einem Beispiel anwenden, noch einige Zeichen-Vorübungen. Zeichnen wir sofort in die Seekarte und entnehmen aus dieser den Standort des Schiffes und die daraus folgende Besteckversetzung.

Unser Schiff stehe auf 56° 15′ N 0° 50′ O. Man beobachtet fast fleichzeitig zwei Sterne und erhält, mit dem gegißten Ort gerechnet:

1. $h_b = 55° 24′$ $h_r = 55° 18′$ $Az = S \, 45° \, O$
2. $h_b = 37° 16′$ $h_r = 37° 5′$ $Az = S \, 33° \, W$

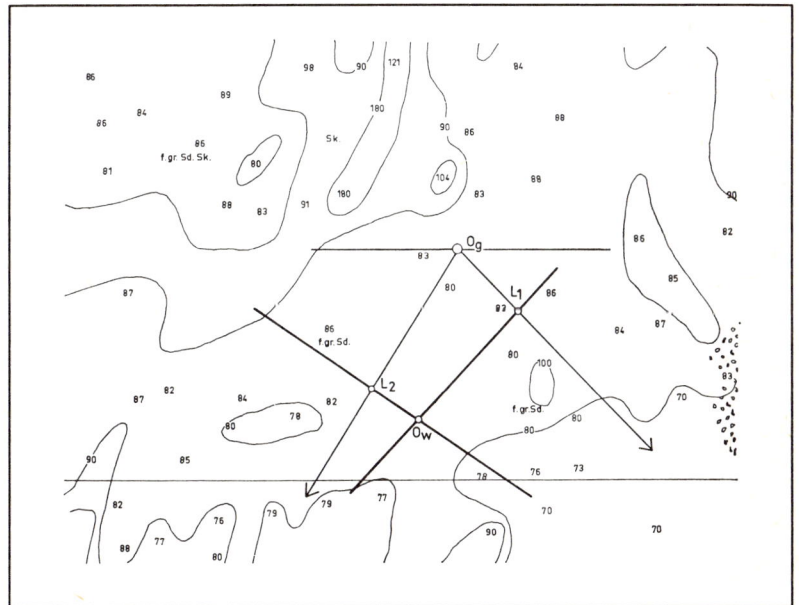

Abb. 84   Lösung in der Seekarte

Man findet folgende Δ h:

h_b	=	55° 24′	h_b	=	37° 16′
h_r	=	55° 18′	h_r	=	37° 5′
Δh_1	=	+ 6′	Δh_2	=	+ 11′

Aus der Karte entnehmen wir:

$$O_w: = 56° 4′ \, N = 0° 46′ \, O$$
Besteckversetzung: 192° 11 sm

● Übungsaufgaben

Loggeort	1. Gestirn			2. Gestirn		
	h_b	h_r	Az	h_b	h_r	Az
1. 57° 2′ N 4° 5′ O	14° 39′	14° 43′	N 13° W	44° 50′	44° 52′	N 65° O
2. 54° 35′ N 4° 58′ O	63° 1′	62° 55′	N 88° W	44° 40′	44° 49′	S 7° W
3. 53° 10′ N 3° 10′ O	29° 35′	29° 35′	180°	44° 51′	44° 56′	233°
4. 55° 0′ N 7° 9′ O	21° 30′	21° 30,5′	189°	35° 17′	35° 9′	270°

Lösung mit logarithmischen Rechnungen

Beispiel (Ort aus drei Höhen ohne Versegelung):

Am 19. 4. 73 gegen 4^h MGZ beobachtet man, nach Logge auf 59° 23′ N 4° 22′ O:

1.	B-UZt =	3^h 53^m 6^s	Capella	$⋇$ =	15° 52,1′
2.	B-UZt =	3^h 53^m 56^s	Atair	$⋇$ =	35° 20,7′
3.	B-UZt =	3^h 54^m 51^s	Arcturus	$⋇$ =	33° 23,6′
	Ib = + 1′	Ah = 2 m	Stand = + 0^m 39^s		

Wo steht das Schiff zur Zeit der Beobachtung?

Auswertung der ersten Beobachtung:

B-UZt	=	3^h 53^m 6^s
Stand	=	+ 0^m 39^s
MGZ	=	3^h 53^m 45^s den 19. 4. 73

Der Stern Capella hat die Nummer 18. Wir entnehmen aus dem Jahrbuch für den 19. 4. 73:

$$⋇ \delta = 45° 58,5′ \, N$$
$$⋇ \beta = 281° 19,3′$$

und für die obenbestimmte MGZ den Greenwicher Stundenwinkel des Widderpunktes:

$$3^h \, \Upsilon \, t_{Gr} \quad = \quad 252° \; 4,6'$$

Zuwachs für $\quad 53^m \; 45^s \quad = \quad 13° \; 28,5'$

$$3^h \, 53^m \, 45^s \Upsilon \, t_{Gr} \quad = \quad 265° \; 33,1'$$

Durch Anbringen von λ und β erhalten wir den Ortsstundenwinkel des Sterns:

$$
\begin{array}{lll}
\Upsilon \, t_{Gr} & = & 265° \; 33,1' \\
\lambda & = & 4° \; 22,0' \\
\hline
\Upsilon \, t & = & 269° \; 55,1' \\
\ast \, \beta & = & 281° \; 19,3' \\
\hline
\ast \, t & = & 551° \; 14,4' \; - 360° \\
\ast \, t & = & 191° \; 14,4' \; \text{Und das bedeutet} \\
\ast \, t_ö & = & 168° \; 45,6'
\end{array}
$$

Nun können wir die Höhe berechnen:

$$
\begin{array}{lllll}
t_ö & = & 168° \; 45,6' & \cdot & \lg \text{sem} \, t = 9,99585 \\
\varphi & = & 59° \; 23,0' \, N & \cdot & \lg \cos \varphi = 9,70697 \\
\delta & = & 45° \; 58,5' \, N & \cdot & \lg \cos \delta = 9,84196 \\
\hline
& & & & \lg \text{sem} \, y = 9,54478 \\
& & & & \text{sem} \, y = 0,35058 \\
\varphi{-}\delta & = & 13° \; 24,5' & & \text{sem} \, (\varphi{-}\delta) = 0,01363 \\
z_r & = & 74° \; 14,5' & & \text{sem} \, z = 0,36421 \\
h_r & = & 15° \; 45,5' & &
\end{array}
$$

Damit ist die beobachtete Höhe (h_b) zu vergleichen. Die Auswertung des abgelesenen Kimmabstandes ergibt:

$$
\begin{array}{lll}
\text{abgelesener } \ast & = & 15° \; 52,1' \\
\text{lb} & = & + \quad 1,0' \\
\hline
\ast & = & 15° \; 53,1' \\
\text{Gb} & = & - \quad 5,9' \\
\hline
\ast h_b & = & 15° \; 47,2'
\end{array}
$$

	also:	h_b	=	15° 47,2'
		h_r	=	15° 45,5'
$h_b - h_r =$		Δh	= +	1,7'

Nun noch das Azimut nach ABC-Tafel:

φ = 59° 23,0' N	A = + 8,50		
δ = 45° 58,5' N	B = + 5,31	Az =	N 8° O
$t_ö$ = 168° 45,6'	C = + 13,81	Az =	8°

Auswertung der dritten Beobachtung (Arcturus, Stern Nr. 53):

B-UZt	=	$3^h\,54^m\,51^s$	abgelesener	✳	=	33° 23,6'
Stand	=	+ $0^m\,39^s$		Ib	= +	1,0'
MGZ	=	$3^h\,55^m\,30^s$ d.19. 4. 73		✳	=	33° 24,6'
				Gb	= −	4,0'
				✳ h_b	=	33° 20,6'

3^h	♈ t_{Gr}	=	252° 4,6'
Zuwachs		=	13° 54,8'
$3^h\,55^m\,30^s$	♈ t_{Gr}	=	265° 59,4'
	λ	=	4° 22,0' O
	♈ t	=	270° 21,4'
✳ Nr. 53	β	=	146° 22,8'
	✳ t	=	416° 44,2'–360°
	✳ t	=	56° 44,2'
	t_w	=	56° 44,2'

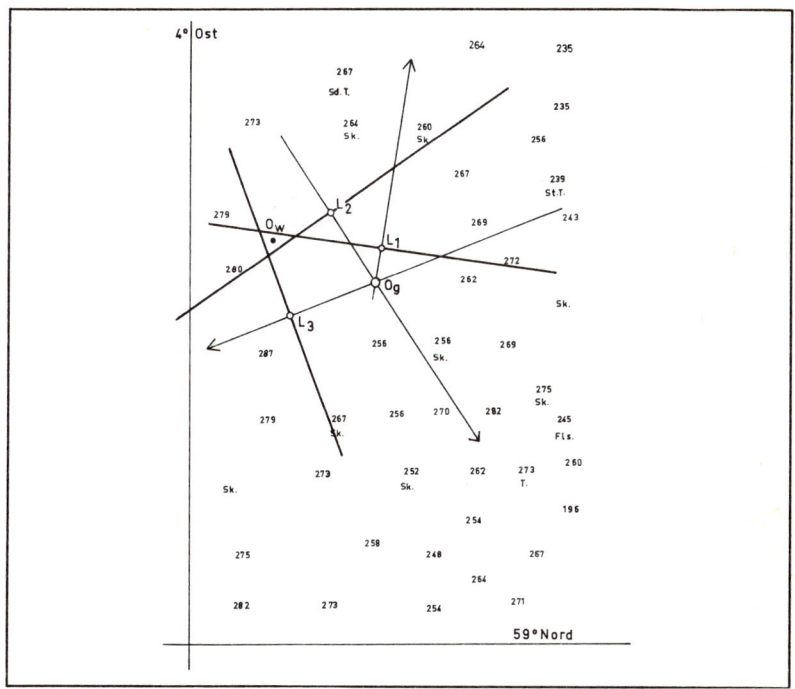

Abb. 85   Lösung in der Seekarte

t_w	= 56° 44,2′		lg sem t	=	9,35363
φ	= 59° 23,0′ N		lg cos φ	=	9,70697
δ	= 19° 19,0′ N		lg cos δ	=	9,97484
			lg sem y	=	9,03544
			sem y	=	0,10850
$\varphi-\delta$	= 40° 4,0′		sem ($\varphi-\delta$)	=	0,11735
z_r	= 56° 45′		sem z	=	0,22585
h_r	= 33° 15′				
h_b	= 33° 20,6′				
h_r	= 33° 15,0′				
$h_b-h_r =$ Δ h	= + 5,6′				

133

Für

φ	$= 59°\ 23{,}0'$ N		$A = -\ 1{,}11$	$Az = $ S $70{,}5°$ W
δ	$= 19°\ 19{,}0'$ N	ist	$B = +\ 0{,}42$	$Az = \qquad 250{,}5°$
t_w	$= 56°\ 44{,}2'$		$\overline{C = -\ 0{,}69}$	

Nehme ich noch die auf Seite 121 verarbeitete Beobachtung des Atair hinzu (sie ergab Δ h $= -5{,}0'$, Az $= 146°$), so erhalten wir in der Seekarte das, was Abb. 85 zeigt.
Aus dieser Zeichnung entnehmen wir als Schiffsort:
O_w : $\varphi = 59°\ 25{,}3'$ N $\lambda = 4°\ 9{,}4'$ O   BV $= 290°$; 6,9 sm

Die Zeichnung können wir aber auch auf Gitterpapier oder einem weißen Bogen machen. Man legt dazu einen geeigneten Maßstab fest, etwa $1' = 1$ cm, und eine Nordrichtung. Man legt dann den Loggeort O_g in die Mitte des Blattes und trägt daran die Δ h und Az an.

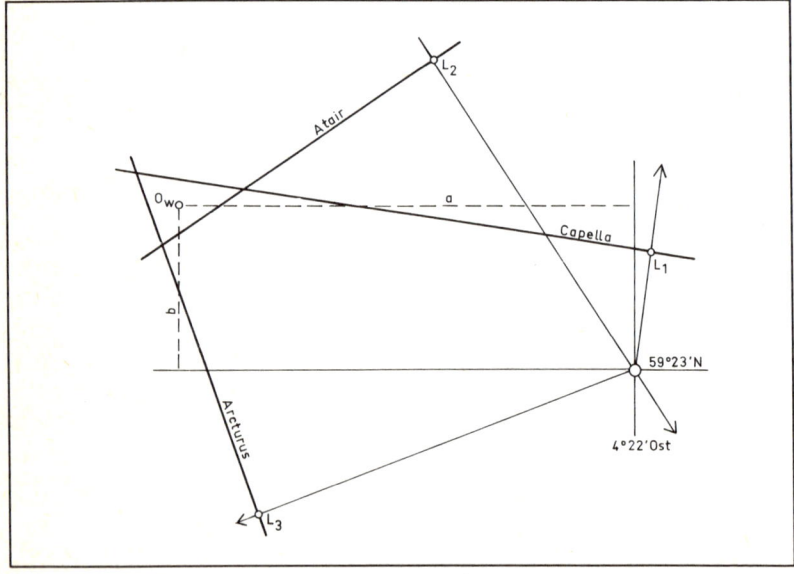

Abb. 86   *Zeichnung derselben Aufgabe im Heft*

Aus dieser Zeichnung kann ich nun entnehmen, wie groß die Änderung der Breite und die Abweitung a sind. a muß ich dann noch in l verwandeln (siehe Seite 104).

Bringe ich b und l an dem gegißten Ort an, so erhalte ich den wahren Ort O_w.

Das sähe dann so aus, wie es Abb. 86 zeigt.

Der Zeichnung entnehmen wir b = 2,3′ N   a = 6,4 sm

Nach Tafel 4 ist bei φ_m = 59,4°   l = 12,6′ W

$$\begin{array}{rll}
\varphi_g & = & 59° \ 23,0' \ N \\
b & = & 2,3' \ N \\
\hline
\varphi_{astr} & = & 59° \ 25,3' \ N
\end{array}$$

$$\begin{array}{rll}
\lambda_g & = & 4° \ 22,0' \ O \\
l & = & 12,6' \ W \\
\hline
\lambda_{astr} & = & 4° \ \ 9,4' \ O
\end{array}$$

Die Umwandlung der *Abweitung in Längenunterschied* kann auch mit Hilfe einer einfachen Zeichenkonstruktion in der Zeichnung selbst durchgeführt werden (Abb. 87). Man trägt auf dem durch O_g, den gegißten Schiffsort bzw. Schiffsort nach Loggerechnung, gehenden Breitenkreis die Abweitung in der Maßstabeinheit ab und findet den Punkt F. An O_g F trägt man im Punkt F die Mittelbreite als Winkel φ_m an. Der freie Schenkel dieses Winkels schneidet den durch den Punkt O_g gelegten Längenkreis in Punkt G. Die Strecke F G, im Maßstab der Zeichnung gemessen, ist der Längenunterschied l.

Empfehlenswert ist die Verwendung von Mercatornetz-Leerkarten (plotting sheets), wie sie das DHI liefert. Abb. 90 zeigt die Zeichnung in einer derartigen Karte.

● Übungsaufgaben

1. Am 10. 2. 73 um ZZ = $5^h \ 10^m$ beobachtet man auf 35° 32′ S 25° 8′ O:
B-UZt = $3^h \ 11^m \ 32^s$ Antares   abgelesener $\times$ = 59° 30,2′
B-UZt = $3^h \ 17^m \ \ 2^s$ Arcturus   abgelesener $\times$ = 35° 6,9′
      Ib = − 3,5′   Ah = 4_m Stand = − $0^m \ 9^s$
Wo steht das Schiff? Wie ist es versetzt?

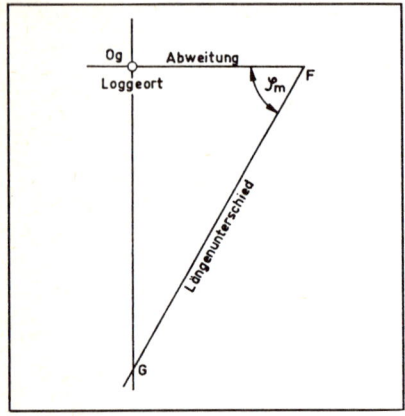

Abb. 87 Zeichnerische Verwandlung von a in l

2. Am 13. 10. 73 um ZZ = 16^h 42^m beobachtet man auf 38° 12′ N 9° 41′ W:

B-UZt = 5^h 46^m 20^s abgelesener ♀ = 19° 59,3′

B-UZt = 5^h 47^m 15^s abgelesener ♃ = 26° 21,4′

Ib = − 2′   Ah = 4 m   Stand = − 4^m 10^s

Wo steht das Schiff? Wie ist es versetzt?

3. Am 7. 9. 73 zur ZZ = 18^h 49^m, nach Logge auf 36° 23′ N 34° 6′ W beobachtet man:

B-UZt = 8^h 45^m 29^s abgelesener ♀ = 15° 25,0′

B-UZt = 8^h 47^m 18^s abgelesener ☽ = 26° 47,3′

Ib = − 2′   Stand = + 2^m 58^s Ah = 4 m

Ort aus zwei Höhen mit Versegelung

Gelingt es nicht, zwei Gestirne gleichzeitig oder fast zur gleichen Zeit zu beobachten, so muß man so lange weitersegeln, bis man dasselbe Gestirn oder ein anderes unter einem günstigen Azimut beobachten kann. Man wird dann die erste Beobachtung um die Versegelung verschieben und so den Schiffsort zur Zeit der zweiten Beobachtung erhalten. Man nennt dies Verfahren *Ort aus zwei Höhen mit Versegelung*.

So wird man zum Beispiel mit der Sonne verfahren. Man beobachtet sie vormittags und dann wieder nach ausreichender Azimutänderung mittags oder nachmittags.

Insbesondere kann man die erste Beobachtung morgens und die zweite zur Zeit der Kulmination durchführen. Man spricht dann von einem *astronomischen Mittagsbesteck*.

An einem solchen Beispiel wollen wir diese Methode vorführen.

Wie Abb. 88 zeigt, kann man die erste Standlinie sofort im zweiten, durch die Versegelung erhaltenen Loggeort (B_2) antragen.

Am 19. 4. 73 steht ein Schiff um 8^h Zonenzeit auf 45° 45′ N 8° 25′ W. Man beobachtet die Sonne:

$$B\text{-}UZt = 9^h 57^m 17^s \qquad \text{abgelesener} \odot = 41° 37{,}6′$$
$$\text{Stand} = -3^m 51^s \qquad lb = -3′ \qquad Ah = 3\ m$$

Welches h und Az folgen aus dieser Beobachtung?

B-UZt	=	$9^h 57^m 17^s$
Stand	=	$-3^m 51^s$
MGZ	=	$9^h 53^m 26^s$ den 19. 4. 73

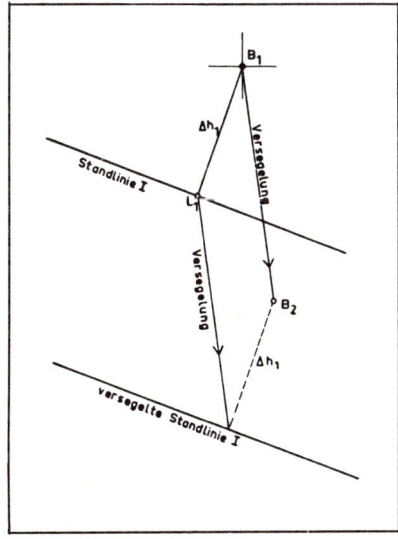

Abb. 88 Erste Standlinie kann im zweiten Loggeort B_2 angetragen werden

Für diese MGZ sind $t_ö$ und δ zu bestimmen. Wir ermitteln:

$$9^h\ t_{Gr} = 315°\ 12,6'$$
$$\text{Zuwachs} = 13°\ 21,5'$$

$$9^h\ 0^m\ 26^s\ t_{Gr} = 328°\ 34,1'$$
$$\lambda = 8°\ 25,0'\ W$$

$$\odot\ t = 320°\ 9,1'$$
$$\odot\ t_ö = 39°\ 50,9' \qquad \delta = 11°\ 11,6'\ N$$

Die Rechnung sieht nun so aus:

$t_ö$	= 39° 50,9'	lg sem t	= 9,06493
φ	= 45° 45,0' N	lg cos φ	= 9,84373
δ	= 11° 11,6' N	lg cos δ	= 9,99166
		lg sem y	= 8,90032
		sem y	= 0,07949
$\varphi - \delta = z_o$	= 34° 33,4'	sem z_o	= 0,08822
z_r	= 48° 21'	sem z	= 0,16771
h_r	= 41° 39'		

$$\text{abgelesener } \odot = 41°\ 37,6'$$
$$Ib = -\ 3'$$

$$\odot = 41°\ 34,6'$$
$$Gb = +\ 11,9'$$

$$h_b = 41°\ 46,5' \quad \text{Der Vergleich mit}$$
$$h_r = 41°\ 39,0'$$

ergibt $h_b - h_r = \Delta h = +\ 7,5'$

Das Azimut finde ich nach ABC-Tafel:

$$A = -1,19$$
$$B = +0,30$$

$$C = -0,89$$
$$Az = S\ 58°\ Ost$$

Als zweite Beobachtung möchte ich die Sonne in oberer Kulmination beachten. Wann findet diese statt?

138

Um die Kulminationszeit berechnen zu können, müssen wir die Länge des Ortes kennen, an dem wir mittags stehen werden. Wir koppeln zunächst bis ZZ = 12^h. Sollte sich eine stark von 12^h abweichende Kulminationszeit ergeben, müssen wir für diese Zeit neu koppeln und die Kulminationszeit für diese neue Länge verbessern.

Koppeln wir bis 12^h ZZ. Wir steuern rw 34° und laufen 7,5 kn. In den 4 Stunden von 8^h bis 12^h Zonenzeit versegeln wir also 30 sm. Das ergibt den Schiffsort zur ZZ = 12^h:

$$\varphi = 46° \ 10' \ N \qquad \lambda = 8° \ 1' \ W$$

$$(b = 24{,}9' \ N \qquad a = 16{,}8 \ sm \qquad \varphi m = 45° \ 58' \qquad 1 = 24{,}0')$$

Als Kulminationszeit erhalten wir dann:

$\odot$ T = MOZ d.o.K.	=	11^h 59^m
ZU	=	32^m
MGZ d.o.K.	=	12^h 31^m
ZZ d.o.K.	=	11^h 31^m

Koppeln wir nur bis 11^h 37^m, erhalten wir als Loggeort:

$$\varphi = 46° \ 7' \ N \qquad \lambda = 8° \ 4' \ W$$

Die Länge weicht nicht wesentlich von der 12^h-Länge ab.

Die Standlinie ist bei der Kulmination eines Gestirns besonders einfach zu bestimmen, wie wir auf Seite 158 ausführlich besprechen werden. Das Azimut ist im Augenblick der Kulmination ja Nord oder Süd, und das ganze nautisch-astronomische Grunddreieck schrumpft auf den Kreisbogen G P zusammen. Es gilt dann

$$\varphi = z_o + \delta \ \text{bzw.} \ z_o = \varphi - \delta$$

wenn man die Zenitdistanz des Gestirns im Meridian mit z_o bezeichnet (vergleiche Abb. 97).

Welcher Kimmabstand ist zu erwarten?

φ	=	46° 7' N
δ	=	11° 11,6' N
z_o	=	34° 55,4' N
h_o	=	55° 4,6' S
– Gb	=	– 11,9'
$\underline{\odot}_r$	=	54° 52,7' S

Man beobachtet bei der Kulmination:

$$
\begin{aligned}
\text{abgel. } \odot &= 55°\quad 1,7'\ S \\
\text{lb} &= -\quad\ \ 3' \\
\hline
\odot_b &= 54°\ 58,7'\ S
\end{aligned}
$$

Vergleichen wir:

$$
\begin{aligned}
\odot_b &= 54°\ 58,7' \\
\odot_r &= 54°\ 52,7' \\
\hline
\end{aligned}
$$

$$\odot_b - \odot_r = h_b - h_r = \Delta h = \Delta \varphi = + 6'$$
$$Az = \text{Süd}$$

Die Zeichnung sieht nun so aus, wie Abb. 89 zeigt.

Es ergibt sich b = 6' S   a = 5 sm   l = 7' O
Das ergibt den astronomischen Schiffsort
$$\varphi = 46°\ 1'\ N \quad \lambda = 7°\ 57'\ W$$

Lassen Sie uns zur Abwechslung einmal auf einem großen Pott mit großer Augeshöhe und Geschwindigkeit navigieren:

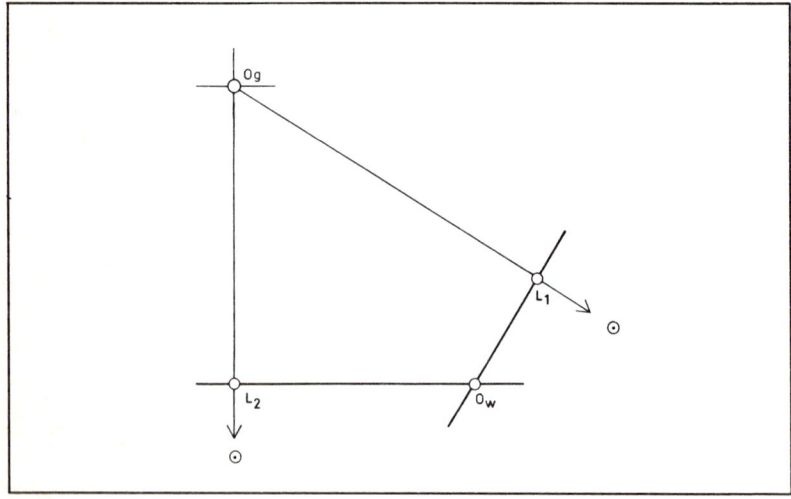

Abb. 89

● Übungsaufgaben

1. Am 13. 5. 73, nach Logge auf 45° 10′ N 7° 57′ W, beobachtet man vormittags:

$$\text{B-UZt} = 9^h\, 6^m\, 19^s \text{ abgelesener } \odot = 39° 25′$$

Darauf segelt man rw 209° 27 sm und beobachtet nun:

$$\text{B-UZt} = 12^h\, 18^m\, 31^s \text{ abgelesener } \odot = 63° 9′$$

$$\text{Ib} = 0,\ \text{Ah} = 10\ \text{m, Stand} = -6^m\, 10^s$$

Wo steht das Schiff bei der zweiten Beobachtung?

2. Am 15. 9. 73 um ZZ = 16^h 22^m, nach Logge auf 46° 12′ N 4° 26′ W, beobachtet man:

$$\text{B-UZt} = 4^h\, 20^m\, 21^s \text{ abgelesener } \odot = 20° 59′$$

Darauf steuert man auf dem rw Kurs 53° mit 15 kn Fahrt und beobachtet um ZZ = 18^h 34^m:

$$\text{B-UZt} = 6^h\, 33^m\, 5^s \text{ Atair abgelesener } \divideontimes = 45° 33,5′$$

$$\text{Ib} = -1′\ \text{Ah} = 17\ \text{m Stand} = +1^m\, 13^s$$

Wo steht das Schiff bei der zweiten Beobachtung?

3. Am 10. 5. 73 um 19^h 31^m ZZ, nach Logge auf 58° 55′ N 0° 33′ W, beobachtet man:

$$\text{B-UZt} = 7^h\, 29^m\, 1^s \text{ abgelesener } \overline{\mathcal{D}} = 20° 20′$$

Darauf steuert man rw 68° mit 16,2 kn Fahrt und beobachtet um ZZ = 21^h 4^m:

$$\text{B-UZt} = 9^h\, 1^m\, 30^s \text{ abgelesener } \male = 21° 1′$$

$$\text{Ib} = +1′\ \text{Ah} = 9\ \text{m Stand} = +2^m\, 15^s$$

Wo steht das Schiff bei der zweiten Beobachtung? Wie ist es versetzt?

Verwendung von Höhentafeln

Die Auswertung astronomischer Beobachtungen zur Schiffsortbestimmung ist wegen der damit verbundenen Rechenarbeit langwierig, wenn es sich nicht um eine Mittags-, Nebenmeridian- oder Nordsternbreite handelt. Es ist daher immer wieder versucht worden, die notwendigen logarithmischen Rechnungen zu erleichtern. Schon die Umwandlung des Kosinussatzes der sphärischen Trigonometrie in die von uns benutzte Semiversusformel ist ein Schritt auf diesem Wege. Weitergehende Verkürzungen lassen sich nur erreichen, wenn man Tafeln entwirft, aus denen die gesuchten Werte sofort entnommen werden können. Diese Tafelwerke werden naturgemäß umfangreich.

Aus der Fülle der Versuche in dieser Richtung besprechen wir ein amerikanisches Tafelwerk, das sich durchgesetzt hat: die Tafel H.O. 249 des amerikanischen Hydrographic Center. Der genaue Titel heißt *Sight Reduction Tables for Air Navigation:*

Teil I	Selected Stars		
Teil II	Latitudes	$0° - 39°$	Declinations $0° - 29°$
Vol III	Latitudes	$40° - 89°$	Declinations $0° - 29°$

Dieses dreibändige Tafelwerk ersetzt uns das sechsbändige Werk H.O. 229 *Sight Reduction Tables for Marine Navigation,* dessen Band I für die Breiten 0° bis 15°, Band II für die Breiten 15° bis 30° usw. zu benutzen ist. H.O. 229 ist für *alle* Gestirne in *allen* Gebieten der Erde verwendbar und daher so umfangreich.

Die Tafeln H.O. 249, die, wie der Titel schon sagt, eigentlich für die Luftnavigation bestimmt sind, beschränken sich auf die praktisch nur erforderlichen Gestirns-Abweichungen bis 29°, womit Sonne, Mond und Planeten erfaßt werden, und geben Höhe und Azimut nur für jeweils sieben der hellsten Fixsterne an, die zur Beobachtungszeit in einem bestimmten Gebiet günstig sichtbar sind. Man braucht ihr δ und β gar nicht erst aufzusuchen, sondern findet unter dem Namen für den Zeitpunkt sofort Höhe und Azimut. Auf diese Weise hat man neben der Einschränkung des Umfangs der Unterlagen auch den Umfang der noch verbliebenen Rechnungen erheblich verringern können.

Die Hilfstafeln in den H.O. 249 sind für die *Luftnavigation* bestimmt und werden daher hier nicht besprochen. Wir verwenden die gewohnten Nautischen Tafeln.

Ich weise ausdrücklich auf die ausführlichen Erläuterungen und Beispiele hin, die dem Tafelwerk H.O. 249 vorausgeschickt werden.

Die Beschriftungen in diesen Tafeln sind allerdings in englischer Sprache, für uns jedoch jetzt leicht zu übersetzen, nachdem wir die Methode beherrschen. Einige Vokabeln seien aber zusammengestellt:

h_s	= sextant altitude	= abgelesener Kimmabstand
H_o	= observed altitude	= beobachtete Höhe (h_b)
H_c	= computed altitude	= berechnete Höhe (h_r)
IC	= Index correction	= Ib
W	= watch time	= Uhrzeit der Beobachtung (B-UZt)
WE	= watch error	= Stand der Beobachtungs- uhr (Std)
S	= slow	= nach
F	= fast	= vor
ZT	= zone time	= Zonenzeit (ZZ)
ZD	= zone description	= Berichtigung der Zonenzeit
GMT	= Greenwich mean time	= MGZ
LAT	= latitude	= Breite (φ)
DECL	= declination	= Abweichung (δ)
a L	= assumed latitude	= angenommene Breite
a λ	= assumed longitude	= angenommene Länge
GHA	= Greenwich hour angle	= Greenwicher Stunden- winkel (t_{Gr})
LHA	= local hour angle	= Ortsstundenwinkel (t)
d	= difference declination	= Änderung des Tafelwertes Alt für 1′ δ
a	= altitude difference	= Δ h
Zn	= azimuth	= Azimut (Az)

Man muß auch wissen, daß einige Fixsterne andere Namen führen als bei uns. Zum Beispiel heißen:

Stern Nr.	Name im deutschen Jahrbuch (mit Sternbild)	Name im amerikanischen Jahrbuch und H.O. 249
1	Sirrah = α-Andromedae	Alpheratz
4	Schedir = α-Cassiopeiae	Schedar
5	Deneb Kaitos = β-Ceti	Diphda
11	Hamel = α-Arietis	Hamal

36	λ-Velorum	Suhail
43	α-Crucis	Acrux
50	Benetnasch = ♄-Ursae majoris	Alcaid
54	α-Centauri	Regil Kent
59	Gemma = α-Coronae borealis	Alphacca
64	λ-Scorpii	Shaula
71	Atair = α-Aquilae	Altair
72	α-Pavonis	Peacock

Der ,,Rechenort''

Um aus Tafelwerken schnelle Ergebnisse zu erhalten, muß möglichst kein Zwischenschalten (Interpolieren) erforderlich sein.

Um bei den vorliegenden Tafeln ohne viele Interpolationen auszukommen, arbeitet man nicht mit dem Loggeort, sondern mit einem *Rechenort*. Mit welchem Ort man bei der Gewinnung einer Standlinie arbeitet, ist gleichgültig, wie wir uns vergewissert haben. Dieser Rechenort, in dem dann die Azimute und Δ h anzutragen sind, wird in folgender Weise gewählt:

Als Breite nimmt man die nächstgelegene ganzgradige Breite. Die Länge wählt man so, daß sie bei Anbringung an dem Greenwicher Stundenwinkel einen *ganzgradigen Stundenwinkel* ergibt.

Beispiel:

Die Yacht steht auf 42° 50′ N 4° 32′ O. Das beobachtete Gestirn hat nach dem Jahrbuch ein t_{Gr} = 119° 50′. Die nächste ganzgradige Breite ist 43° N. Wenn man λ = 4° 10′ wählt, so ergibt die Addition:

$$\begin{array}{rcl} t_{Gr} & = & 119° \ 50′ \\ \lambda & = & \ \ 4° \ 10′ \ O \\ \hline t & = & 124° \ \ \ 0′ \end{array}$$

Als Rechenort, in dem dann Höhe und Azimut anzutragen sind, wählen wir also:

$$\varphi_R = 43° \; 0' \, N$$
$$\lambda_R = 4° \, 10' \, O$$

Mit dem ganzgradigen $\varphi = 43° \, N$ und dem mit dem λ des Rechenortes gewonnenen $t = 124°$ gehen wir dann in die Tafel ein.

Da Loggeort und Rechenort ziemlich weit voneinander entfernt sein können, muß ich mit wesentlich größeren Δ h rechnen, als wir es von der Rechenmethode auf Seite 125 gewohnt sind.

Ortsbestimmung mit Fixsternen

Sehen wir uns einmal eine Seite im Teil I (Selected Stars) an. Die Tafelseiten sind nach ganzgradigen Breiten geordnet. Gehen wir mit unserer Rechenbreite ein, so finden wir für sieben Sterne für jedes ganzgradige ♈ t (♈ LAH) die Höhe h_r (Hc) und das Azimut (Z_n) in Vollkreisteilung angegeben. Bequemer geht es wohl nicht! Freilich ist man an die vom Tafelherausgeber ausgewählten Sterne gebunden. Aber diese Sterne sind so gewählt, daß wir gute Standlinienschnitte und geeignete Höhen haben. Zudem sind die Sterne erster Größe in großen Buchstaben gedruckt.

Einen Haken hat die Sache noch: Die Tafel I ist für eine bestimme ,,Epoche'' berechnet, innerhalb dieser ,,Epoche'' für ein bestimmtes Jahr. Für dieses nur gilt die gewonnene Standlinie. Für ein anderes Jahr verschiebt sich die Standlinie. Das Maß der Verschiebung entnimmt man der Tafel ,,Precession and Nutation Correction'' im Band I der H.O. 249. Eingänge sind Ortsstundenwinkel des Frühlingspunktes (LAH♈), Breite (LAT) und Jahreszahl. Wir entnehmen zwei Zahlen. Die erste gibt Seemeilen, die zweite eine rechtweisende Richtung an. Um diese Strecke muß man die Standlinie verschieben. Sind mehrere Sterne beobachtet worden, kann man gleich den erhaltenen astronomischen Ort O_w verschieben.

Unsere Aufgaben sind alle für das Jahr 1973 gestellt. Wir benutzen Tafeln für die Epoche 1975. Wir müssen also die Verschiebung für die Jahreszahl 1973 berücksichtigen.

Ich erinnere noch einmal daran, daß diese entnommenen h_r und Az = für den *Rechenort* gelten und in diesem Rechenort anzubringen sind, *nicht am Loggeort* O_g.

Als Beispiel rechnen wir die Standlinie der Aufgabe auf Seite 121.
Es war der Loggeort O_g : φ = 59° 23′ N λ = 4° 22′ O.
Beobachtet wurde am 19. 4. 73:
B-UZt = $3^h 53^m 56^s$, Atair $\maltese$ = 35° 20,7′, Ib = + 1′, Ah = 2 m, Stand = + $0^h 39^m$
Wir rechnen:

$$
\begin{array}{lll}
\text{B-UZt} & = & 3^h\ 53^m\ 56^s \\
\text{Stand} & = + & 0^m\ 39^s \\
\hline
\text{MGZ} & = & 3^h\ 54^m\ 35^s \quad \text{den 19. 4. 73}
\end{array}
$$

Für diese MGZ ermitteln wir:

$$
\begin{array}{lll}
3^h\ \Upsilon\ t_{Gr} & = & 252°\ \ 4,6′ \\
\text{Zuwachs} & = & 13°\ 41,0′ \\
\hline
3^h\ 54^m\ 35^s\ \Upsilon\ t_{Gr} & = & 265°\ 45,6′
\end{array}
$$

Wir wählen nun λ so, daß ein ganzgradiges Υ t entsteht. Da die Länge Ost ist, muß sie addiert werden, um Υ t zu erhalten.

$$
\begin{array}{lll}
\Upsilon\ t_{Gr} & = & 265°\ 45,6′ \\
\lambda & = & 4°\ 14,4′ \\
\hline
\Upsilon\ t & = & 270°\ \ 0,0′
\end{array}
$$

Der Rechenort, mit dem wir arbeiten, ist dann wie folgt:

$$
\begin{array}{lll}
\varphi_R & = & 59°\ \ 0′\ N \\
\lambda_R & = & 4°\ 14,4′\ O
\end{array}
$$

Mit φ = 59° Υ t = 270° liefert die H.O. 249 in Band I, Seite 43, für Atair:

$$
h_r = 35°\ 40′ \qquad Az = 146°
$$

Beobachtet war:

$$
\begin{array}{lll}
\text{abgelesener } \maltese & = & 35°\ 20,7′ \\
\text{Ib} & = + & 1,0′ \\
\hline
\maltese & = & 35°\ 21,7′ \\
\text{Gb} & = - & 4,0′ \\
\hline
\maltese\ h_b & = & 35°\ 17,7′
\end{array}
$$

Vergleichen wir diese Höhe mit der berechneten, so finden wir:

$$
\begin{array}{lll}
h_b & = & 35°\ 17,7′ \\
h_r & = & 35°\ 40,0′ \\
\hline
\Delta\ h & = - & 22,3′
\end{array}
$$

Zeichnen wir dieses Δ h und Az in einem Mercatornetz ein, wie es Abb. 90 zeigt, haben wir die Standlinie, die wir nun mit weiteren Standlinien zum Schnitt bringen müssen, wenn wir einen Schiffsort erhalten wollen.
Nach der Tafel „Precession and Nutation Correction" ist in unserem Falle keine Verschiebung der Standlinie erforderlich.

Unser Beispiel eines Ortes aus drei Höhen sähe nach H.O. 249 gelöst so aus:

Am 19. 4. 73 gegen 0400 MGZ nach Logge auf: 59° 23′ N, 4° 22′ O, Ib = + 1′, Ah = 2 m, Std = + 0^m 39^s.

		Capella (✳ 18)	Altair (✳ 71)	Arcturus (✳ 53)
abgel.	✳	15° 52,1′	35° 20,7′	33° 23,6′
Ib		+ 1,0′	+ 1,0′	+ 1,0′
	✳	15° 53,1′	35° 21,7′	33° 24,6′
Gb		− 5,9′	− 4,0′	− 4,0′
h_b		15° 47,2′	35° 17,7′	33° 20,6′
B-UZt		03–53–06	03–53–56	03–54–51
Stand		+ 00–39	+ 00–39	+ 00–39
MGZ (19. 4.)		03–53–45	03–54–35	03–55–30
♈ t_{Gr}		252° 4,6′	252° 4,6′	252° 4,6′
Zuwachs		13° 28,5′	13° 41,0′	13° 54,8′
♈ t_{Gr}		265° 33,1′	265° 45,6′	265° 59,4′
$λ_R$		04° 26,9′	04° 14,4′	04° 0,6′
♈ t		270° 00,0′	270° 00,0′	270° 00,0′
h_b		15° 47,2′	35° 17,7′	33° 20,6′
h_r		15° 23,0′	35° 40,0′	33° 33,0′
Δ h		+ 24,2′	− 22,3′	− 12,4′
Az		8°	146°	251°
$φ_R$		59° 00′ N	59° 00′ N	59° 00′ N
$λ_R$		4° 26,9′ O	4° 14,4′ O	4° 0,6′ O

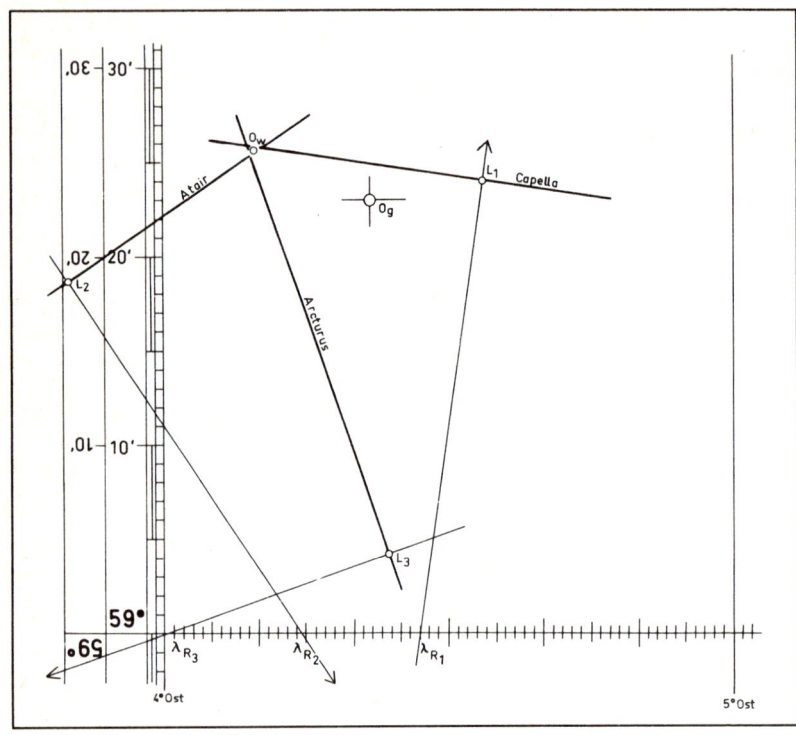

Abb. 90   Standlinien Capella, Atair, Arcturus

Ort nach Zeichnung in Mercatornetz 54° – 61°:

$$\varphi_{astr} = 59° 26' N; \lambda_{astr} = 4° 9,5' O$$
$$B. V. = 293° 7 sm$$

Nach Tafel 5 keine Verschiebung für 1973!

Ortsbestimmung mit Sonne, Mond oder Planeten

Handelt es sich um die Teile II und III, also um die Auswertung von Beob-achtungen der Sonne, des Mondes oder eines Planeten, so geht man mit dem ganzgradigen t und den ganzen Graden der Abweichung ein. Dabei muß man darauf achten, ob φ und δ gleichnamig oder ungleichnamig sind (same . . . contrary) und die entsprechende Tafel wählen. Der entnommene Wert der Höhe muß beschickt werden wegen der vernachlässigten Minuten von δ. Dazu entnimmt man der Tafel den neben H stehenden Korrekturfaktor d, der für die vernachlässigten Minuten von δ einen Korrekturwert (Corr) liefert – Multiplikationstafel am Ende des Bandes benutzen! –, um die Höhe zu verbessern.

Ob Corr zu addieren oder zu subtrahieren ist, ermittelt man durch die Feststellung, ob die Höhe mit δ wächst oder abnimmt.

In diesen Tafeln wird das Azimut Zn halbkreisig angegeben. Auf jeder Tafelseite sind die Regeln genannt, nach denen es in ein vollkreisiges Azimut verwandelt werden kann. Auch hier wird ein Rechenort bestimmt, und die entnommenen Werte von Höhe und Azimut gelten für diesen Rechenort. In diesem, nicht im Loggeort, sind das Azimut und Δ h anzutragen.

Nach Teil II oder III gefundene Standlinien sind *nicht* zu verschieben, da man mit dem richtigen δ der Beobachtungszeit eingeht.

Wurde z. B. auf 42° 31′ N 4° 52′ O am 25. April 73 die folgende Beobachtung gemacht:

B-UZt = $17^h\,22^m\,22^s$, abgelesener ☉ = 22° 38′, Ib = + 0,3′, Ah = 3 m, Stand = $-\,1^h\,0^m\,4^s$,

so sähe die Auswertung folgendermaßen aus:

B-UZt	=	$17^h\,22^m\,22^s$
Stand	=	$-\ 1^h\ \ 0^m\ \ 4^s$
MGZ	=	$16^h\,22^m\,18^s$ 25. 4. 73

Für diese MGZ gibt das Jahrbuch an:

16^h ☉ t_{Gr}	= 60° 31,1′	16^h ☉ δ	= 13° 17,4′ N	Unt	= 0,8
Zuwachs	= 5° 34,5′	Verb	= + 0,3′	zunehmend	
$16^h\,22^m$ ☉ t_{Gr}	= 66° 5,6′	☉ δ	= 13° 17,7′ N		

Man wählt nun das λ so, daß ein ganzgradiges t entsteht. Da die Länge östlich ist, muß es addiert werden. Mit

$λ_R$ = 4° 54,4′ ergibt sich das ganzgradige

☉ t = 71°

149

Der Rechenort ist dann, wenn man als nächstgelegene ganzgradige Breite 43° nimmt:

$$\varphi_R = 43° \text{ N}$$
$$\lambda_R = 4° 54,4' \text{ O}$$

Mit $\varphi = 43°$ N, $t = 71°$ und $\delta = 13°$ N liefert die Tafel H.O. 249 in Teil III: $h_r = 22° 40'$, $d = + 40'$, Az = 93°.

Um für 13° 15,2' einzuschalten, entnehmen wir aus der Tafel 5 (Correction to Tabulated Altitude for Minutes of Declination) folgenden Wert:

$$\text{Corr} = 10'$$

Corr ist zur entnommenen Höhe 22° 40' zu addieren, weil die Höhe, wie wir in der Tafel leicht erkennen können, mit zunehmendem δ zunimmt. Also ist:

$$h_r \quad = 22° 50' \quad \text{Finden wir weiter,}$$
$$\underline{h_b \quad = 22° 49'} \quad \text{so ist}$$
$$\Delta h \quad = - \quad 1'$$

Nach der Regel am Kopf der aufgeschlagenen Seite links ist auf Nordbreite das Azimut = 360° − Tafelwert, wenn der Ortsstundenwinkel kleiner als 180° ist. Das ist in unserer Aufgabe der Fall. Das Azimut ist also:

$$\text{Az} = 360° - 93° = 267°$$

Verwendung von Taschenrechnern

Die Kosinusregeln der sphärischen Trigonometrie (siehe Seite 93) können auch von dem Freund des Taschenrechners zur Bestimmung der Höhe und des Azimuts eines Gestirns benutzt werden.
Auf Seite 94 hatten wir die Kosinusregel bereits auf das nautisch-astronomische Grunddreieck angewandt, um die Höhe zu bestimmen:

$$\cos z = \cos b \cdot \cos p + \sin b \cdot \sin p \cdot \cos t$$

also:

$$\sin h = \sin \varphi \cdot \sin \delta + \cos \varphi \cdot \cos \delta \cdot \cos t$$

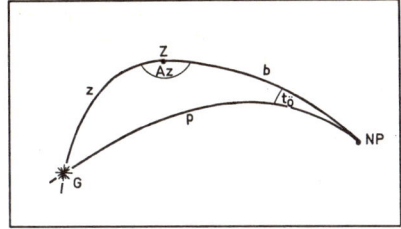

Abb. 91   Grunddreieck

Ebenso hatten wir auf Seite 98 zur Bestimmung des Azimuts die Formel erhalten:

$$\cos p = \cos z \cdot \cos b + \sin z \cdot \sin b \cdot \cos Az$$
$$\sin \delta = \sin h \cdot \sin \varphi + \cos h \cdot \cos \varphi \cdot \cos Az$$

$$\cos Az = \frac{\sin \delta - \sin h \cdot \sin \varphi}{\cos h \cdot \cos \varphi}$$

Das könnte man, um es dem Rechner zugänglich zu machen, so umformen:

$$\cos Az = (\frac{\sin \delta}{\cos h} - \tan h \cdot \sin \varphi) : \cos \varphi$$

In beiden Fällen sind sehr viele Werte einzutippen. Es sei denn, man kann sich einen Rechner leisten, in den man ein Modul einschieben kann, das dem Rechner alle notwendigen Anweisungen gibt.

Da in den schriftlichen Prüfungen, zum Beispiel zum C-Schein, programmierbare Rechner nicht zugelassen sind, behandeln wir dieses Thema nicht weiter und verweisen auf die Anleitungen, die den – sehr verschiedenartigen – Instrumenten beigegeben sind.

Name eines unbekannten Sterns

In einer Wolkenlücke erkennen wir einen gut zu beobachtenden Stern, können aber nicht feststellen, welcher Stern es ist. Beobachten wir ihn doch! Wir messen den Kimmabstand, peilen ihn und notieren die Zeit. Dann kennen wir Höhe, Azimut und Breite, also drei Stücke im nautisch-astronomischen Grunddreieck und können die Abweichung und den Stundenwinkel berechnen. Aus dem Jahrbuch können wir für die MGZ der Beobachtung den Ortsstundenwinkel des Widderpunktes entnehmen.

Die Differenz, Ortsstundenwinkel des Widderpunktes minus Ortsstundenwinkel des Sterns, ist der Sternwinkel.

Mit δ und β gehe ich in die Liste der Fixsterne ein und finde dann schnell den Namen des gesuchten Sterns. Die Werte β und δ brauchen nicht sehr genau bestimmt zu werden, da die hellen Fixsterne nicht sehr eng stehen. Finde ich den Stern in dieser Liste nicht, so werde ich einen Planeten erwischt haben. Um ihn zu identifizieren, müßte ich den Greenwicher Stundenwinkel bilden und im Jahrbuch für Tag und MGZ die Reihe der Planeten durchsehen.

Für die Durchführung der notwendigen Rechnungen gibt es verschiedene Möglichkeiten. Wir wollen die uns bekannte ABC-Tafel benutzen.

Die ABC-Tafel dient ja dazu, das Azimut aus φ, δ und t zu berechnen, also aus zwei Seiten und dem von ihnen eingeschlossenen Winkel. Ich kann mit dieser Tafel auch t berechnen, wenn ich φ, δ und t durch die entsprechenden Stücke unseres Falles ersetze:

Azimutberechnung	Stundenwinkelberechnung
t	Az
φ	φ
δ	h

Ich habe also folgendermaßen zu verfahren:

Aus A-Tafel den Wert von A mit φ und Az entnehmen.

Aus B-Tafel den Wert von B mit h und Az entnehmen.

A + B = C bilden.

In die C-Tafel muß ich dann mit φ eingehen, in der gefundenen Reihe C aufsuchen und in dieser Spalte nach oben gehen und t entnehmen.

Das Azimut ist dabei quadrantal zu zählen.

Wird C positiv, so ist der entnommene Wert $t_δ$ oder t_w, je nachdem, ob das Azimut östlich oder westlich ist. Wird C negativ, so ist das Supplement des obenstehenden Winkels zu nehmen.

Auch δ kann man mit der ABC-Tafel finden, indem man mit den normalen Eingängen φ und t den Wert A, mit den Eingängen φ und Az den Wert C entnimmt und den Wert B = A − C bildet. Geht man in die B-Tafel mit t und dem Wert B ein, so kann man an der Seite δ ablesen.

Beispiel:

Am 3. 8. 73 beobachtet man zur Zonenzeit $20^h 35^m$ nach Logge auf 53° 16′ N 21° 11′ W:

B-UZt = $21^h 34^m 21^s$, abgelesener $\star$ = 32° 4,9′, Az = 36°, Ib = 0, Ah = 2 m, Stand = + $1^m 47^s$

Welcher Stern wurde beobachtet?

$$
\begin{array}{lll}
\text{UZt} & = & 21^h\ 34^m\ 21^s \\
\text{Stand} & = + & 1^m\ 47^s \\
\hline
\text{MGZ} & = & 21^h\ 36^m\ \ 8^s \quad \text{den 3. 8. 73}
\end{array}
$$

$$
\begin{array}{lll}
\text{abgelesener } \star & = & 32°\ 4,9′ \\
\text{Ib} & = & 0 \\
\hline
\star & = & 32°\ 4,9′ \\
\text{Gb} & = - & 4,1′ \\
\hline
\star\ h & = & 32°\ 0,8′
\end{array}
$$

Tafel A (Eingang φ, Az)	A =	− 1,83
Tafel B (Eingang h, Az)	B =	+ 1,06
	C =	− 0,77
Tafel C (Eingang φ, C)	t =	65°

Da C negativ, ist das Supplement zu nehmen, also ist (Az östlich!):

$$t_\delta = 115°$$
$$\text{also: } \star\ t = 360° - 115° = 245°$$

Für die MGZ der Beobachtung erhalte ich:

$$
\begin{array}{lll}
\text{'Υ'} t_{Gr} & = & 275°\ 51′ \\
\lambda & = & 21°\ 11′\ W \\
\hline
\text{Υ} t & = & 254°\ 40′ \sim 255°
\end{array}
$$

Der Vergleich von t und $\star$ t liefert β.

$$
\begin{array}{lll}
\star\ t & = & 245° \\
\text{Υ} t & = & 255° \\
\hline
\beta & = & 350°
\end{array}
$$

Nun ist noch δ zu bestimmen.

Mit den Eingängen Az und φ erhalte ich	C = + 2,29
Mit den Eingängen t und φ erhalte ich	A = + 0,62
B = C − A →	B = + 1,67

Mit den Eingängen t und B entnehme ich

$$\delta = 56,5° \text{ N}$$

Die Koordinaten $\beta = 350°$ $\delta = 56,5°$ N hat der Stern Nr. 4 *Schedir* im Sternbild der *Cassiopeia*.

Andere Wege wie logarithmische Rechnung, zeichnerische Lösung, Lösung mit dem Rechenstab, Benutzung von drehbaren Sternkarten, der Sterngloben sollen hier nicht besprochen werden. Ich empfehle aber besonders den amerikanischen *Starfinder and Identifier* (Bestellnummer H.O. 2102-D), dem eine Benutzungsvorschrift beigegeben ist.

Auch die Höhentafel H.O. 249 gestattet ein schnelles Finden des Namens des unbekannten Sterns für den Fall, daß man einen der sieben ausgewählten Sterne geschossen hat. Man braucht nur den Ortsstundenwinkel des Widderpunktes zu berechnen und mit der nächstgelegenen ganzgradigen Breite in die Tafel einzugehen und den Stern zu suchen, der die gleiche Höhe und Azimut hat wie der beobachtete Stern.

Fehlerbetrachtungen

Unsere Standlinientheorie gestattet uns, leicht den Einfluß von Fehlern auf den gefundenen Schiffsort zu erkennen und den Schiffsort zu verbessern, ohne die ganze Rechnung wiederholen zu müssen.

Fehler können vor allem vorkommen in der Höhe, im Azimut, im Stand und in der Versegelung.

Fehler in der Höhe

Fehler in der Höhe verschieben die Standlinie in der Richtung des Azimuts. Wurde z. B. die Höhe zu klein gemessen, war sie also größer, als sie in die Rechnung einging, dann ist z kleiner, das heißt man steht dichter am Bildpunkt, die Standlinie ist um den Fehlerbetrag zum Bildpunkt hin zu verschieben.

Fehler in der Zeit

Da der Bildpunkt mit der Zeit auf dem Breitenparallel, der dem Abweichungsparallel des Gestirns entspricht, im Laufe des Tages westwärts um die Erde herumwandert, verschiebt sich die Höhengleiche und damit un-

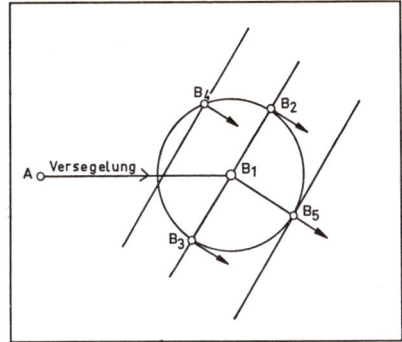

Abb. 92   Einfluß eines Fehlers in der Versegelung

sere Standlinie mit ihm westwärts. In jeder Zeitminute legt er 15 Bogenminuten zurück.

Finde ich zum Beispiel, daß etwa wegen eines Fehlers im Stand die MGZ 1^m größer ist als bei der Rechnung angenommen, so liegt also der Bildpunkt westlicher, die Standlinie liegt 15' westlicher als angenommen.

Betrifft dieser Fehler in der MGZ beide Standlinien eines Ortes aus zwei Höhen, was wahrscheinlich ist, so braucht man nur die Länge des errechneten Schiffsortes um 15' für jede Fehlerzeitminute zu ändern.

Fehler im Azimut

Ist das Azimut fehlerhaft, so muß die Standlinie gedreht werden. Bei kleinen Werten von h können Azimutfehler von $1° - 2°$ vernachlässigt werden.

Fehler im Loggeort

Wie auf Seite 123 gezeigt und auch durch ein Rechenbeispiel bestätigt, hängt die Standlinie *nicht* davon ab, mit welchem Loggeort sie berechnet ist.

Fehler in der Versegelung

Die Versegelung der ersten Standlinie bei dem Ort aus zwei Höhen mit Versegelung führt genau wie bei der Doppelpeilung der terrestrischen Navigation zu um so ungenaueren Schiffsorten, je länger gesegelt wurde. Die in die Versegelung möglicherweise eingehenden Fehler sind uns bekannt.

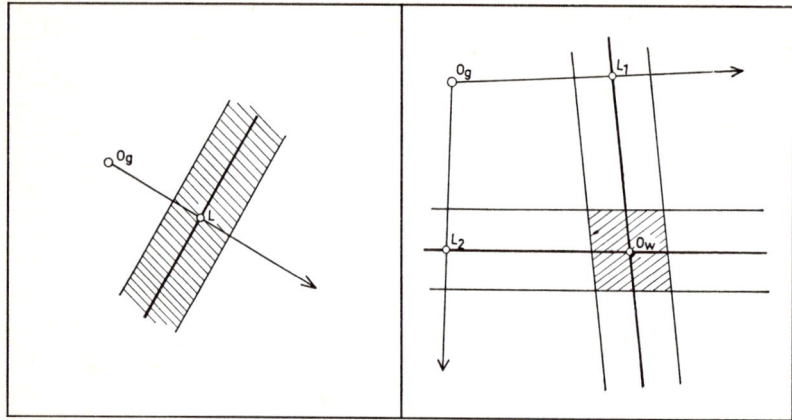

Abb. 93   Einfluß einer unsicheren
Beobachtung auf die Standlinie

Abb. 94   Fehlerparallelogramm

Abb. 92 soll zeigen, welche ungünstigste Standlinie von uns angenommen werden muß, wenn die Versegelung nicht genau B, sondern auch alle Orte im Kreis um B_1 ergeben kann. Der Einfachheit halber ist $\Delta h_1 = 0$ angenommen.

Gewiß, in B_2 und B_3 komme ich zu derselben Standlinie wie in B_1, aber in B_4 und B_5 erhalte ich andere, die ungünstigste in B_5. Hier wirkt sich der Versegelungsfehler wie ein Δ h aus.

Einfluß unsicherer Höhenbeobachtungen auf den Schiffsort

Ist die Kimm unscharf, so hat das zur Folge, daß wir das beobachtete Gestirn nicht scharf auf die Kimm aufsetzen können. Das bedeutet eine Unsicherheit des beobachteten Kimmabstandes um einen Betrag von $\pm$ 1′ bis $\pm$ 2′. Das heißt jedoch, daß wir nicht mehr unseren Standort auf einer Stand*linie*, sondern in einem *Standstreifen* suchen müssen, wie es Abb. 93 andeutet.

Das bedeutet aber, wenn es bei beiden Beobachtungen so aussah, daß wir nicht einen Stand*ort* bekommen, sondern ein Stand-*Parallelogramm,* innerhalb dessen wir stehen (Abb. 94).

SONDERVERFAHREN

Meridianbreite

Steht das Gestirn im Himmelsmeridian, das heißt in oberer oder unterer Kulmination, dann ist sein Azimut Süd oder Nord. Die Standlinie, die ja senkrecht zum Azimutstrahl verläuft, läuft dann Ost – West, das heißt sie fällt mit dem Breitenparallel zusammen. Das Grunddreieck schrumpft auf den Bogen z zusammen. Dadurch wird die Auswertung der Beobachtung sehr einfach.

Wann das Gestirn kulminiert, haben wir bereits bestimmen gelernt. Wir wissen also, wann das Gestirn kulminiert, müssen nur diesen Augenblick genau erwischen.

Man beginnt am besten schon eine Viertelstunde vor der errechneten Kulminationszeit und holt das Spiegelbild des Gestirns auf die Kimm herunter. Man hält dann durch dauerndes Nachdrehen der Feinschraube die Berührung aufrecht. Bald werden Stern und Kimm nur noch wenig auseinandergehen; schließlich wird das Gestirn nicht mehr steigen, kein Nachdrehen mehr notwendig sein. In diesem Augenblick liest man ab, man hat die gesuchte Kulminationshöhe des Gestirns. Bald darauf sieht man, daß das Gestirnsbild in der Kimm versinkt, ein Zeichen, daß es fällt, das heißt den Meridian passiert hat. Bei Sonnenbeobachtungen würde das so aussehen, wie Abb. 95 und 96 für Benutzung des Sonnenunterrandes und Sonnenoberrandes zeigen.

Bei der Bestimmung der Breite durch Kulminationsbeobachtungen spricht man von *Meridianbreiten.*

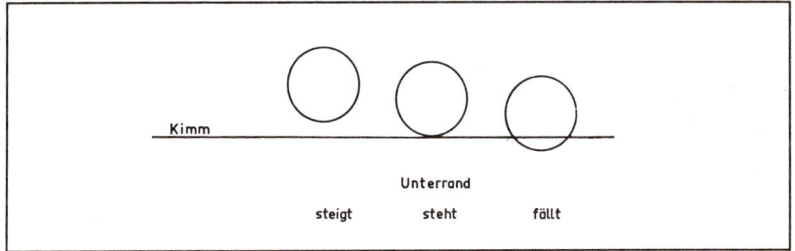

Abb. 95   Beobachtung der Kulmination des Sonnenunterrandes

Steht das Gestirn in oberer Kulmination, so heißt das Verfahren *Mittags-breite,* weil meist die Sonne in dieser Stellung beobachtet wird – und dann ist ja Mittag.

Steht das Gestirn im unteren Meridian, heißt das Verfahren *Mitternachts-breite.*

Mittagsbreite

In Abb. 97 steht ein Schiff auf 50° Breite. Die Sonne hat eine Abweichung von 23,5° N und kulminiert (obere Kulmination).

Sie hat in diesem Augenblick den kleinstmöglichen Zenitabstand. Dieses z des Gestirns im oberen Meridian nennen wir *Meridianzenitdistanz* und bezeichnen es mit z_0.

Man liest nun aus der Abbildung ab, daß $z_0 = \varphi - \delta$ ist.

Danach erhalte ich die Breite φ, indem ich zur Meridianzenitdistanz z_0 das δ addiere:

$$\varphi = z_0 + \delta$$

In Abb. 98 hat die Sonne eine südliche Abweichung. Jetzt gilt $z_0 = \varphi + \delta$, das heißt:

$$\varphi = z_0 - \delta$$

Diese beiden Fälle erfaßt man mit der ersten Formel

$$\varphi = z_0 + \delta$$

wenn man vorschreibt, daß *algebraisch,* das heißt unter Berücksichtigung des Vorzeichens, addiert werden muß.

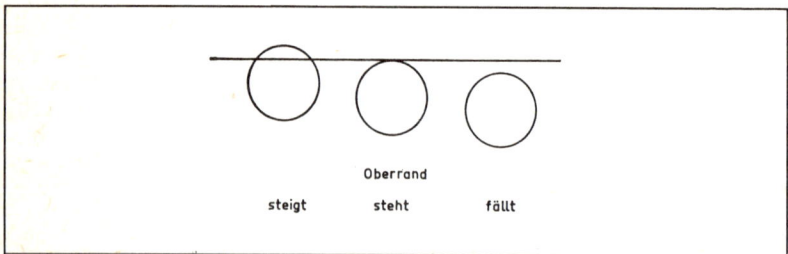

Abb. 96   Beobachtung der Kulmination des Sonnenoberrandes

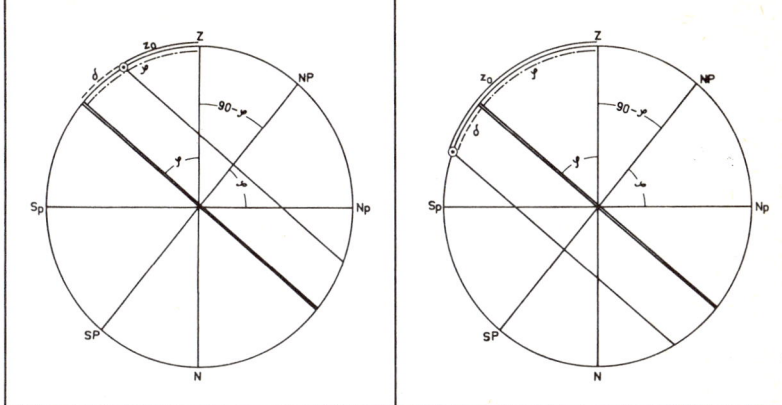

Abb. 97   Obere Kulmination
der Sonne im Sommer

Abb. 98   Obere Kulmination
der Sonne im Winter

Für die praktische Durchführung der Rechnung erhalten h und z_0 den Zusatz N oder S nach folgender Vorschrift:
Ist im Südmeridian beobachtet, stand das Gestirn also bei der Kulmination im Süden, erhält h den Zusatz S.
Ist im Nordmeridian beobachtet, erhält h den Zusatz N. z_0 erhält in beiden Fällen den entgegengesetzten Namen.
z_0 bekommt also immer den entgegengesetzten Namen wie der Meridian, in dem beobachtet wurde. Verständlich: Steht das Gestirn im Süden, muß man nach Norden gehen, um zum Zenit zu kommen.
Die Rechnung würde nun so verlaufen: Der beobachtete Kimmabstand wird zur wahren Höhe beschickt. Diese Höhe wird von 90° abgezogen ($z_0 = 90° - h$). Zu dieser Meridian-Zenitdistanz, die ein Vorzeichen nach obiger Abmachung erhält, addiert man algebraisch δ und erhält so die Breite des Schiffsortes.

Meridianfigur

Es ist ratsam, zu jeder Aufgabe eine sogenannte *Meridianfigur* zu zeichnen, um eine Kontrolle der Rechnung zu haben (Abb. 99).

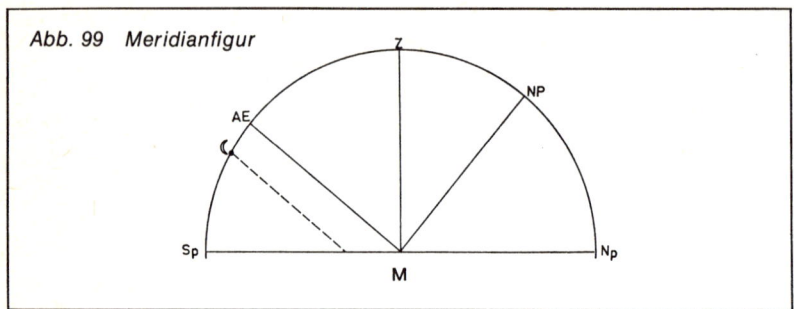

Abb. 99   Meridianfigur

Man zeichnet einen Halbkreis, der den sichtbaren Teil des Himmelsmeridians darstellen soll und unten durch die Nord-Südpunkt-Linie abgeschlossen wird. Man trägt nun, wenn die Höhe im Südmeridian, wie im Falle der Abb. 99 beobachtet wurde, im Südpunkt diese Höhe an. Dann erhält man die Lage des Äquators, wenn man vom Gestirn aus δ im entgegengesetzten Sinne abträgt und den erhaltenen Punkt mit dem Erdmittelpunkt M verbindet. Senkrecht zum so gefundenen Äquatorhalbmesser verläuft die Weltachse. Errichtet man also in M die Senkrechte M P, so erhält man den Pol. Und dessen Höhe ist ja gleich der Breite. Sie muß mit dem rechnerisch gefundenen Wert übereinstimmen.

Das Zeichnen dieser Figur ist sehr geeignet, das Verständnis der bisher erarbeiteten Begriffe zu festigen, kann also nicht genug empfohlen werden.

Beispiel (Sonne):

Am 17. 6. 73 beobachtet man auf etwa 32° 13′ N 14° 14′ W im Südmeridian:

abgelesener $\odot$ = 68° 47′ S,   Ib = − 2′,   Ah = 3 m

Welche Breite ergibt sich aus dieser Beobachtung?

Um δ entnehmen zu können, brauchen wir die Kulminationszeit.

● Bestimmung der Kulminationszeit

Das Jahrbuch liefert uns T, die MOZ der oberen Kulmination, an der wir den Zeitunterschied anbringen müssen, um die MGZ der oberen Kulmination zu erhalten.

$$
\begin{array}{rl}
\text{T} = & 11^h\,59^m \\
\lambda \text{ in Zeit} = \text{ZU} = & 0^h\,57^m \\
\hline
\text{MGZ d.o.K.} = & 12^h\,56^m
\end{array}
$$

● Auswertung

Das Jahrbuch liefert

für die MGZ = 12^h ☉ δ = 11° 13,4′ N
Verb =   0,8′

☉ δ bei der Kulmination = 11° 14,2′ N

abgelesener ☉	= 68° 47′ S
Ib	= − 2′
☉	= 68° 45′ S
Gb	= + 12,6′
☉ h_b	= 68° 57,6′ S
90° − h_b = z_o	= 21° 2,4′ N
δ	= 11° 14,2′ N
φ_{astr}	= 32° 16,6′ N

Da die gegißte Breite

$$\varphi_g = 32° 13′ N$$

war, ist das Schiff in der Breite um $\Delta \varphi$ = 3,6′ nach Nord versetzt.

Dieses $\Delta \varphi$ ist das Δ h unseres Höhenstandlinienverfahrens, das am Loggeort anzutragen ist, um den Leitpunkt zu erhalten, durch den die Standlinie senkrecht zum Azimut zu legen ist. Standlinie ist hier der Breitenparallel! Die Rechnung ergibt also, das sei nochmal betont, *keinen Schiffsort,* sondern *nur eine Standlinie* für das Schiff.

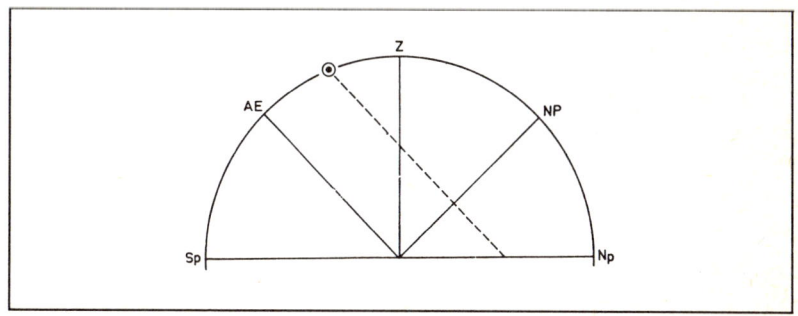

Abb. 100   Meridianfigur

● Übungsaufgaben

1. Am 21. 10. 73 auf 59° 32′ N 20° 15′ O beobachtet man den Durchgang der Sonne durch den oberen Meridian:

$$\text{abgelesener } \odot \ 19° \ 32,2′$$
$$\text{Ib} = -1,5′ \quad \text{Ah} = 3 \text{ m}$$

Welche Breite ergibt sich daraus?

2. Am 7. 6. 73 auf 12° 48′ N 51° 4′ W beobachtet man die obere Kulmination der Sonne im Nordmeridian:

$$\text{abgelesener } \overline{\odot} = 79° \ 43,4′$$
$$\text{Ib} = +2′ \quad \text{Ah} = 4 \text{ m}$$

Welche Breite ergibt sich?

3. Am 22. 11. 73 nachmittags auf 58° 9′ N 10° 43′ O beobachtet man den Durchgang der Venus durch den Südmeridian:

$$\text{abgelesener } \female = 6° \ 19,2′$$
$$\text{Ib} = 0 \quad \text{Ah} = 4 \text{ m}$$

Wann nach ZZ und MGZ fand die Kulmination statt? Welche Breite ergibt sich? Wie groß ist die Breitenversetzung?

Mitternachtsbreite

Auch Beobachtungen im unteren Meridian sind leicht auszuwerten. Wir sprechen dann von einer Mitternachtsbreite.
Ist in Abb. 101 n_o der Abstand des Gestirns vom Nadir, also die Meridian-Nadir-Distanz, so gilt, wie die Abbildung zeigt:

$$n_o = \varphi + \delta$$

Also ist:

$$\varphi = n_o - \delta$$

Da diese Beobachtung nur denkbar ist, wenn φ und δ gleichnamig sind, gibt es bei diesem Verfahren keine „Namen"-Schwierigkeiten, die Breite hat immer dasselbe Vorzeichen wie δ.

Bei der Kulmination zu erwartender Kimmabstand

Oft ist es zweckmäßig, den bei der Kulmination zu erwartenden Kimmabstand der Sonne vorauszuberechnen, weil man auf diese Weise die Hauptrechenarbeit vorwegnehmen kann und nach der Beobachtung dann sofort

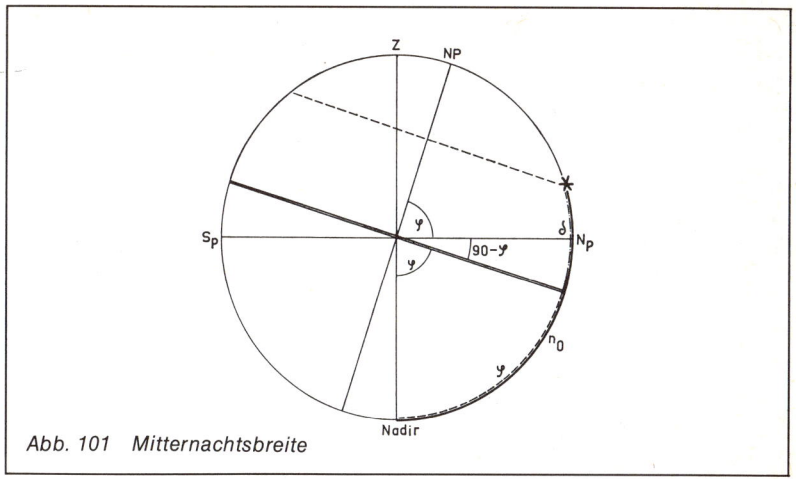

Abb. 101   Mitternachtsbreite

die Breite gewinnt. Denn wenn ich den beobachteten Kimmabstand mit dem vorausberechneten vergleiche, ist der Unterschied der Kimmabstände ja das Δ h und bei dem Azimut Nord oder Süd $\Delta \varphi$, die Breitenversetzung, die ich nur noch an der gekoppelten Breite anbringen muß, um die richtige Breite zu erhalten.

Um den zu erwartenden Kimmabstand zu erhalten, muß ich die Meridianbreitenrechnung rückwärts anlegen, das heißt von der gegißten Breite ausgehen und mit δ nach der Formel $z_o = \varphi - \delta$ die Meridian-Zenit-Distanz berechnen. Das Komplement von z_o ist dann h_o, das ich dann in den Kimmabstand zurückbeschicken kann.

Welcher Kimmabstand war also im Beispiel von Seite 160 zu erwarten?

	Logge-φ	$= 32° 13'$ N
	$\odot \delta$	$= 11° 14,2'$ N
	z_o	$= 20° 58,8'$ N
	h_o	$= 69° 1,2'$ S
	$- Gb$	$= - 12,6'$
Zu erwartender Kimmabstand:	$\odot_r$	$= 68° 48,6'$ S
Beobachtet wurde:	$\odot_b$	$= 68° 45'$

$\odot_b - \odot_r \quad = \quad h_b - h_r \quad = \Delta h = \Delta \varphi = - 3,6' \quad Az = Süd$

Also ist: $\varphi_{astr} \qquad = 32° 16,6'$ N

Dieses Verfahren, den zu erwartenden Kimmabstand vorauszuberechnen, empfiehlt sich besonders, wenn man Fixsterne in der Dämmerung oder Planeten bei Tage in ihrer Kulmination beobachten will. Wenn man den zu erwartenden Kimmabstand kennt und am Sextanten einstellt, findet man das gewünschte Gestirn viel eher oder wahrscheinlich überhaupt nur. Selbstverständlich kann man dieses Verfahren auch für Sterne anwenden, die nicht kulminieren. Gelingt die Beobachtung nicht genau zu der Zeit, für die man den Kimmabstand vorausberechnete, kann man ihn für die Zeit, die man früher oder später beobachtete, mit Hilfe der Tafel 27 (Höhenänderung in einer Zeitminute) korrigieren, ohne die ganze Rechnung für die wirkliche Beobachtungszeit wiederholen zu müssen.

● Übungsaufgaben

1. Welcher Kimmabstand des Sonnenunterrandes ist am 20. 4. 73 auf 19° 22′ S 10° 51′ W bei Ah = 4 m bei der oberen Kulmination zu erwarten? Zu bestimmen ist die ZZ und MGZ des Meridiandurchganges.

2. Am 21. 5. 73 um ZZ = $8^h 0^m$ steht ein Schiff auf 28° 19′ N 46° 32′ W. Man steuert rw 282° mit 4 kn Fahrt.
a) Zu welcher ZZ und MGZ kulminiert die Sonne?
b) Wo steht man nach Logge um 12^h ZZ und im Augenblick der Kulmination?
c) Welcher Kimmabstand des Sonnenunterrandes ist bei der Kulmination aus 4 m Augeshöhe zu erwarten?
d) Man beobachtet aber bei der Kulmination:
    abgelesener ☉ = 81° 30′, lb = + 1′
Auf welcher Breite befindet man sich um ZZ = 12^h?

Nebenmeridianbreite

Es kann uns passieren, daß ein Gestirn, dessen Kulmination wir beobachten wollten, im Augenblick dieser Kulmination von einer Wolke verdeckt wird oder Nebel aufkommt. Oder die Beobachtung mißlingt in diesem Augenblick. Dann können wir auch kurz vor oder kurz nach dem Meridiandurchgang beobachten und die Breite bestimmen. Da das Gestirn in solchen Fällen neben dem Meridian steht, spricht man von einer *Nebenmeridianbreite.*

Es ist dann zu berücksichtigen, daß das Gestirn nun ein etwas von N oder S abweichendes Azimut hat. Seine Standlinie (Höhengleiche) fällt daher genaugenommen auch nicht mit dem Breitenparallel zusammen. In der Praxis kann dieser Fehler meist vernachlässigt werden.

Die Höhe des Gestirns kurz vor oder nach der Kulmination ist kleiner als zur Zeit der Kulmination, die Zenitdistanz z also größer als die Meridianzenitdistanz z_o. Kennen wir diesen Unterschied – nennen wir ihn u –, so können wir dieses u an der beobachteten Höhe anbringen und eine Meridianbreite rechnen.

Dieses Verfahren, das noch oft angewandt wird, ist leicht durchzuführen mit Hilfe der Tafel 32 der Nautischen Tafeln. Den Wert u erhält man aus dieser Tafel in Minuten durch Multiplikation der Tafelwerte I und II. Tafelwert I erhält man mit den Eingängen φ und δ, Tafelwert II mit den Eingängen φ und t.

Das Azimut des Gestirns erhält man durch Multiplizieren des Tafelwertes I mit t.

Das u ist nach den oben durchgeführten Überlegungen zu der beobachteten Höhe zu addieren.

Das Verfahren ist nur in der Nähe des Meridians anwendbar. Eine Tafel (31) gibt die Zeitgrenzen an, die ich einhalten muß. Der Wert hängt von Breite und Abweichung ab.

Rechnen wir ein Beispiel:

Am 6. 3. 73 beobachtet man bei zum Teil bedecktem Himmel auf etwa 54° 9′ N 7° 5′ O die Sonne in der Nähe des Meridians. Zur MGZ = $11^h 29^m$ beobachtet man:

abgelesener ☉ = 29° 55′, Ah = 3 m, Ib = + 1′

Zu welcher Zeit kulminiert die Sonne? Wir ermitteln als Jahrbuchwert:

T = MOZ d.o.K.	=	$12^h 11^m$
Länge in Zeit	=	28^m
MGZ d.o.K.	=	$11^h 43^m$

Die Beobachtung (MGZ = $11^h 29^m$) fand also 14 Minuten vor der Kulmination statt.

Wir wollen die Breite nach dem Nebenmeridianbreiten-Verfahren berechnen. Dazu müssen wir das u nach Tafel 32 bestimmen: Tafel 32 hat als Eingänge φ, δ, t.

Nach dem Jahrbuch ist für die MGZ der Beobachtung:

$11^h \odot t_{Gr}$	$=$	$342°\ \ 9,7'$
Zuwachs	$=$	$7°\ 15,0'$
$11^h\ 29^m \odot t_{Gr}$	$=$	$349°\ 24,7'$
λ	$=$	$7°\ \ 5,0'$ O
$\odot t$	$=$	$356°\ 29,7'$ also
$t_ö$	$=$	$3°\ 30,3'$
$\odot \delta$	$=$	$5°\ 36,9'$ S

Tafel 32 liefert links als Tafelwert I mit den Eingängen φ und δ (da δ und φ ungleichnamig sind, muß ich im unteren Teil der Tafel entnehmen, der am Rand mit ,,φ, δ ungleichnamig'' beschriftet ist):

$$I = 1,15$$

Die rechte Seite mit den Eingängen φ und t liefert den Tafelwert II:

$$II = 3,8$$

Die Multiplikation dieser Werte I und II liefert uns:

$$u = 4,4'$$

Dieser Wert wird zur Höhe h addiert, um das h zur Zeit der Kulmination zu erhalten (h_o). Mit diesem h_o wird dann die Mittagsbreite gerechnet.

abgelesener $\odot$	$=$	$29°\ 55,0'$ S	
lb	$=$	$+\ \ \ 1,0'$	
$\odot$	$=$	$29°\ 56,0'$	
Gb	$=$	$+\ \ 11,5'$	(n. Taf. 20: 11,4 + 0,1)
h	$=$	$30°\ \ 7,5'$	
u	$=$	$+\ \ \ 4,4'$	
h_o	$=$	$30°\ 11,9'$ S	
z_o	$=$	$59°\ 48,1'$ N	
δ	$=$	$5°\ 36,9'$ S	
φ	$=$	$54°\ 11,2'$ N	

Prüfen wir, ob die Anwendung der Tafel 32 in unserem Fall verantwortet werden kann. Als Zeitgrenze in diesem Sinne gibt uns Tafel 31 für unser φ = 54° N und δ = 5° 40' S: 40 Minuten. Wir beobachteten 14 Minuten vor der Kulmination, es ist also alles in Ordnung.

Das ist der „klassische" Gang der Rechnung. Rechnen wir aber diese Beobachtung auch einmal nach unserem allgemeinen Höhenstandlinien-Verfahren. Für den Loggeort ergibt sich dann:

$$\Delta h = -2,5' \qquad Az = S\ 4°\ 0 = 176°$$

Das Azimut können wir auch aus Tafel 32 entnehmen, indem wir den Tafelwert I mit t in Graden multiplizieren. Das ergibt Az = 1,15 x 3,5 = 4°. Das heißt mit Benennung, die sich aus der Beobachtung ohne weiteres ergibt: Az = S 4° 0 = 176°.

In Abb. 102 ist die aus der Nebenmeridianbreiten-Rechnung folgende Standlinie gezeichnet.

Das soll uns daran erinnern, daß unsere Beobachtung eine *Standlinie* liefert, nicht den Schiffsort, nicht die Breite! Nur wenn das Azimut genau Nord oder Süd gewesen wäre, hätte die Beobachtung einwandfrei die Breite geliefert, denn dann wäre die Standlinie mit dem Breitenparallel zusammengefallen.

Das heißt, durch die Höhenbeobachtung hätten wir die Breite festgestellt, welchen Wert auch immer die Länge haben möge. In unserem Falle könnte erst eine zweite Standlinie den Schiffsort liefern.

Nun, wenn der Logge-Meridian diese Standlinie ist, dann ist die Breite bestimmt durch den Schnittpunkt von Standlinie und Meridian.

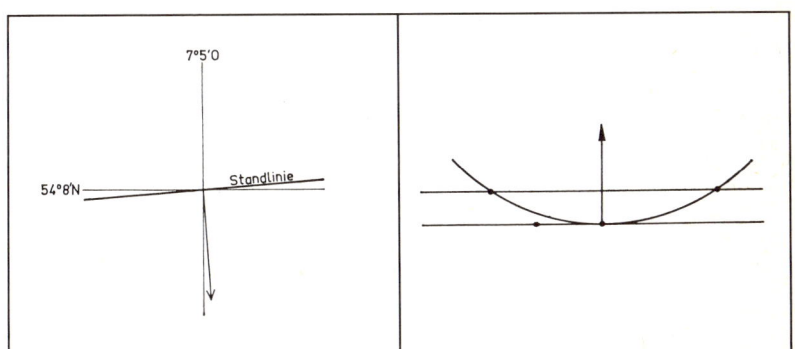

Abb. 102   Standlinie der
besprochenen Aufgabe

Abb. 103   Tangente, Höhengleiche,
Sekante (Sehne)

Diese kleine Untersuchung weist gewissermaßen das Verfahren der Nebenmeridianbreite in seine Schranken. Nur wenn die Länge 7° 5′ richtig ist, stimmt auch die Breite 54° 8′ N.

Spinnen wir unser Garn noch etwas weiter:

Wir berechneten die Standlinie, indem wir für eine Länge, also etwa 7° 5′ oder 7° 15′ oder eine andere Länge, die Nebenmeridianbreite rechneten. Wir erhielten so *einen* Punkt der Höhengleiche, durch den wir dann senkrecht zum Azimut die Tangente an die Höhengleiche zeichneten. Das ist die sogennante *Tangentenkonstruktion.*

Wir könnten aber auch für zwei benachbarte Längen (etwa die Loggelänge und eine benachbarte) die Nebenmeridianbreite rechnen. Dann haben wir *zwei* Punkte der Höhengleiche gewonnen. Ihre Verbindungslinie ist eine Sehne der Höhengleiche, die aber praktisch, das heißt bei den Beobachtungen mit nicht zu großen Höhen, wie die Tangente, in der näheren Umgebung des Schiffsortes mit der Höhengleiche zusammenfällt (Abb. 103): In diesem Falle sprechen wir von einer *Sehnenkonstruktion* (Abb. 104).

Wenn derartige Verfahren auch nicht mehr üblich sind, so sind sie doch geeignet, uns die Standlinienmethodik verständlicher zu machen.

Ich erwähne daher auch noch, daß man mit der Bestecksbreite die Länge berechnen kann, wenn das Gestirn nahezu in Ost oder West steht, die Standlinie also nahezu die Richtung des Meridians hat. (Verfahren der „Chronometerlänge".) Wieder kann ich nach der Tangentenkonstruktion für die Loggebreite die Länge und das Azimut berechnen und durch den gefundenen Punkt senkrecht zum Azimut die Standlinie zeichnen oder für zwei benachbarte Breiten die Längen berechnen und die gefundenen Punkte verbinden (Sehnenkonstruktion).

Nebenmitternachtsbreite

Das, was wir in den letzten Überlegungen und Aufgaben als Nebenmeridianbreite bezeichneten, war, genauer gesagt, eine Nebenmittagsbreite.

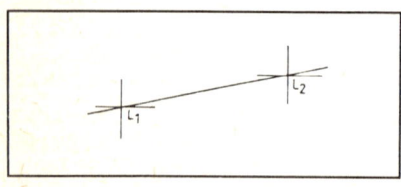

Abb. 104   Standlinie in Sehnenkonstruktion

Es ist klar, daß man grundsätzlich auch über eine Beobachtung in der Nähe des unteren Meridians sprechen müßte, ein Verfahren der *Nebenmitternachtsbreite* beschreiben müßte. In diesem Fall ist vor oder nach der Kulmination die Höhe größer als im Augenblick der Kulmination, also die Nadirdistanz, nennen wir sie n, ebenfalls größer als die Meridian-Nadir-Distanz n_0. Der Unterschied heißt wieder u. Dieses u ist von der Nadir-Distanz der Beobachtung abzuziehen, um n_0 zu erhalten. Mit diesem n_0 würde dann eine Mitternachtsbreite zu rechnen sein, wie wir es auf Seite 162 besprachen.

Das u kann aus Tafel 32 entnommen werden. Nähere Anweisungen und ein Rechenbeispiel geben die Erläuterungen zu Anfang der Nautischen Tafeln.

Nordsternbreite

Und noch ein Sonderverfahren sei gezeigt, das noch immer – wegen seiner einfachen Rechnung – beliebt ist: die Bestimmung der Breite durch Beobachten des Nordsterns, die *Nordsternbreite*.

Der Nordstern, Schlußstern des Kleinen Bären, auch als Polarstern bekannt, da er praktisch im Himmelsnordpol steht, ist an sich kein besonders heller Beobachtungsstern. Das Jahrbuch gibt als Helligkeit $2,1^m$ an. Aber er ist leicht auffindbar, da in seiner weiteren Umgebung keine auffälligen Sterne stehen, mit denen er verwechselt werden könnte. Er steht so dicht am Himmelspol, daß er zum Aufsuchen dieses Punktes verhelfen kann. Stünde er genau im Pol, so erhellte ich durch Messen seiner Höhe genau die geographische Breite meines Schiffsortes. Da er etwa 1° vom Pol entfernt steht, sind kleine Berichtigungen an der Höhe anzubringen, die aus den Tafeln „Nordstern" im roten Teil des Jahrbuches entnommen werden können.

In die Berichtigungstafel I, die wichtigste, gehen wir mit dem Ortsstundenwinkel des Frühlingspunktes (♈ t) ein. Diesen Winkel können wir für die MGZ der Beobachtung für Greenwich aus dem Jahrbuch entnehmen und in den Ortsstundenwinkel unseres Standortes verwandeln.

Die zweite Berichtigung (II) erhalten wir mit den beiden Eingängen ♈ t und Höhe h, in die dritte Berichtigungstafel (III) gehen wir mit ♈ t und Datum ein.

Die Berichtigungen II und III sind nur klein, so daß es für die Praxis meist genügt, nur die erste Berichtigung an der Höhe h anzubringen.

Aus einer weiteren Tafel „Azimut des Nordsterns" kann auch das Azimut entnommen werden. Eingänge sind Ortsstundenwinkel des Frühlingspunktes Υ t und Breite φ.

Beispiel:

Am 28. 9. 73 vormittags gegen 6 Uhr beobachtet man auf 55° 41′ N 29° 35′ W:

B-UZt = $7^h 14^m 55^s$, abgelesener $\star$ Nordstern = 56° 4,8′, Ib = − 3′, Ah = 2 m, Stand = + $4^m 16^s$

Welche Breite ergibt sich aus dieser Beobachtung?

Die Rechnung würde so aussehen:

$$
\begin{array}{llr}
\text{B-UZt} & = & 7^h\ 14^m\ 55^s \\
\underline{\text{Std}} & = + & 4^m\ 16^s \\
\text{MGZ} & = & 7^h\ 19^m\ 11^s \quad \text{den 28. 9. 73}
\end{array}
$$

$$
\begin{array}{lllr}
\text{MGZ} = 7^h & & \Upsilon\ t_{Gr} & = & 111°\ 54,5′ \\
\underline{19^m\ 11^s\ \text{Zuw.}} & & & = & 4°\ 48,5′ \\
\text{MGZ} = 7^h\ 19^m\ 11^s & \Upsilon\ t_{Gr} & & = & 116°\ 43,4′ \\
& \underline{\text{Länge}} & & = & 29°\ 35,0′ \quad \text{(westl., daher abziehen!)} \\
& \Upsilon\ t & & = & 87°\ \ 8,4′
\end{array}
$$

Aus der Nordsterntafel des Jahrbuchs entnehmen wir mit diesem Υ t, der ungefähren Höhe 56° und dem Datum 1. 10. die folgenden Berichtigungen:

$$
\begin{array}{lcr}
\text{I} & = - & 29,2′ \\
\text{II} & = - & 0,1′ \\
\underline{\text{III}} & = + & 0,1′ \\
\text{Gesamtberichtigung} & = - & 29,2′
\end{array}
$$

Bringe ich diese Gesamtberichtigung an der Höhe an, erhalte ich die Breite:

$$
\begin{array}{lllr}
\text{abgelesener } \star & & = 56° & 4,8′ \\
\underline{\text{Ib}} & & = - & 3,0′ \\
\star & & = 56° & 1,8′ \\
\underline{\text{Gb}} & & = - & 3,2′ \\
\star\ h & & = 55° & 58,6′ \\
\underline{\text{I + II + III}} & & = - & 29,2′ \\
\varphi & & = 55° & 29,4′
\end{array}
$$

Man hätte diese Beobachtung natürlich auch als „Höhe" auswerten können, wie wir es sonst gewohnt sind, nur ist das in diesem Fall zeitraubender. Will man es trotzdem tun, so könnte man wenigstens das Azimut des Nordsterns nach der bequemen Tafel des Jahrbuches entnehmen.

Die Tafel liefert mit den Eingängen Υ t und φ in unserem Falle das Azimut 359°.

Bei der geringen Abweichung dieses Azimuts von Nord weicht die Standlinie, die wir dann zeichnen müssen, so wenig vom Breitenparallel ab, daß wir deutlich sehen: Auch wenn die Länge des Loggeortes, mit der wir arbeiteten, nicht stimmt, so hat das auf die Breite kaum einen Einfluß; wir können sie unbedenklich benutzen, um φ zu bestimmen.

Die vierte Tafel liefert noch eine sehr nützliche Angabe, nämlich den Betrag, den man zur Loggebreite addieren muß, um die ungefähr zu erwartende Höhe des Nordsterns zu erhalten. Damit habe ich dann den zu erwartenden Kimmabstand des Nordsterns, den ich am Sextanten einstelle, um den nicht sehr hellen Nordstern zu finden, abends, wenn es noch nicht so dunkel ist, daß man noch eine tadellose Kimm hat, morgens, wenn es bereits hell und die Kimm einwandfrei ist.

In unserem Beispiel wäre der zu erwartende Kimmabstand:

φ_g	=	55°	41,0′
Tafelwert	= +		27′
h_r	=	56°	8′
entg. Gb	= $\overset{+}{(-)}$		3,2′
zu erwartender Kimmabstand $\times_r$	=	56°	11,2′

Chronometerlänge

Nicht um dieses Verfahren zu propagieren – es ist aus der Praxis vollkommen verschwunden –, sondern nur der Abrundung unseres Stoffes wegen sei kurz beschrieben, wie man die geographische Länge des Schiffsortes selbst finden kann.

Die Länge ist gleich der Differenz des Greenwicher Stundenwinkels und des Ortsstundenwinkels. Ermittelt man zum Beispiel

t_{Gr}	=	310° 45,6′	
t	=	276° 10,5′,	so war die Länge
λ	=	34° 35,1′ W	

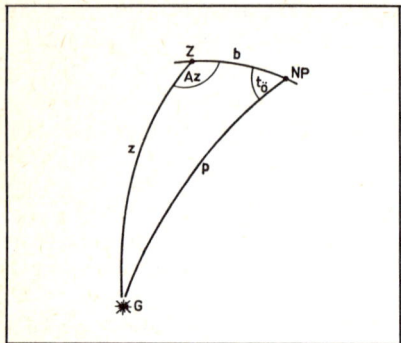

Abb. 105   Grunddreieck

Das Verfahren erfordert das Berechnen des Stundenwinkels aus der beobachteten Höhe, der Breite und der Gestirnsabweichung.

Für die Freunde der Mathematik sei die erforderliche Formel abgeleitet. Es ist nach der Kosinusregel:

$$\cos z = \cos b \cdot \cos p + \sin b \cdot \sin p \cdot \cos t$$

oder:

$$\cos z = \sin \varphi \cdot \sin \delta + \cos \varphi \cdot \cos \delta \cdot \cos t$$

Setzen wir wieder $\cos t = 1 - 2 \, \text{sem} \, t$, so ist:

$$\cos z = \sin \varphi \cdot \sin \delta + \cos \varphi \cdot \cos \delta - 2 \cos \varphi \cdot \cos \delta \cdot \text{sem} \, t$$
$$= \cos (\varphi - \delta) \qquad\qquad - 2 \cos \varphi \cdot \cos \delta \cdot \text{sem} \, t$$

Nach Seite 158 ist $\varphi - \delta = z_0$. Das setzen wir ein und stellen gleich so um, daß das Glied mit t auf der linken Seite steht.

$$2 \, \text{sem} \, t \cdot \cos \varphi \cdot \cos \delta = \cos z_0 - \cos z$$

oder:

$$2 \, \text{sem} \, t = \sec \varphi \cdot \sec \delta \cdot (\cos z_0 - \cos z)$$

Nach einer Grundformel der Trigonometrie ist:

$$\cos \alpha - \cos \beta = 2 \sin \frac{\beta + \alpha}{2} \cdot \sin \frac{\beta - \alpha}{2}$$

Dann lautet unsere Formel zur Berechnung des Stundenwinkels $t_{\ddot{o}}$ bzw. t_w:

$$\text{sem} \, t = \sec \varphi \cdot \sec \delta \cdot \sin \frac{z + z_0}{2} \cdot \sin \frac{z - z_0}{2}$$

Aus $t_ö$ bzw. t_w finden wir nach den bekannten Formeln t:

$t = 360° - t_ö$

$t = t_w$

Den Greenwicher Stundenwinkel entnehmen wir für die MGZ der Beobachtung dem Jahrbuch und bilden dann die Differenz λ.

Ist der Wert $t_{Gr} - t$ positiv, so ist die Länge westlich, ist er negativ, so ist die Länge östlich.

Dieses Verfahren ist recht kurz. Es erfordert eine genaue MGZ, ist also an eine gutgehende Uhr gebunden, ein Chronometer. Daher der Name Chronometerlänge.

Da es erst seit etwa 1770 brauchbare Chronometer gibt, waren z. B. die Längenangaben der Entdecker sehr ungenau. Sie mußten sich mit umständlichen und ungenauen Methoden behelfen.

Als Beispiel einer sogenannten „Fehlergleichung" sei noch untersucht, unter welchem Azimut das Gestirn beobachtet werden muß, wenn man den genauesten Längenwert erhalten will.

Welchen Einfluß hat ein kleiner Breitenfehler auf die Länge?

Mit dem Azimut S 60° und Δ h = O sei die Standlinie A B gefunden. Wäre φ_1 die richtige Breite, so wäre O_g der wahre Schiffsort (O_{w1}).

Ist aber nicht φ_1, sondern φ_2 die richtige Breite, so schneidet unsere Standlinie A B den Breitenparallel φ_2 in O_{w2}. Die Länge hat sich geändert. Wie

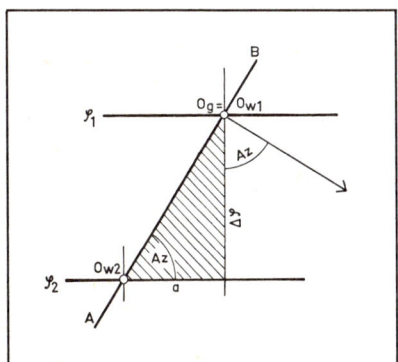

Abb. 106   *Einfluß eines Breitenfehlers auf die Länge*

groß ist diese Längenänderung? Wenn man in Gedanken A B dreht, sieht man, daß die Längenänderung vom Azimut abhängt (Abb. 106). Mathematisch ermitteln wir:

$$\frac{a}{\Delta \varphi} = \cot Az$$

$$a = \Delta \varphi \cdot \cot Az$$

Da $l = a \cdot \sec \varphi$ ist, müssen wir die Gleichung noch mit $\sec \varphi$ multiplizieren. Dann lautet unsere Fehlergleichung:

$$\Delta \lambda = \Delta \varphi \cdot \cot Az \cdot \sec \varphi$$

Diese Gleichung sagt uns, daß wir überhaupt keinen Fehler in der Länge bekommen, wenn das Azimut 90° oder 270° ist. Denn für diese Winkel ist der $\cot = 0$, also auch $\Delta \lambda = 0$.

Längenbestimmungen mußten also möglichst im Azimut Ost oder West durchgeführt werden, wenn die Breite unsicher bekannt war.

Fehler in der MGZ, das heißt also im Stand, sind heute nicht zu befürchten, da man regelmäßig Zeitsignale empfängt.

Astronomische Kompaß- und Uhrenkontrolle

ASTRONOMISCHE KOMPASSKONTROLLE

Wichtigste Voraussetzung für eine erfolgreiche Navigation ist, daß alle benutzten Instrumente einwandfreie Werte liefern, daß wir Fehler, die auftreten, erkennen und beseitigen oder berücksichtigen lernen.

Wir erarbeiteten uns daher auch in der terrestrischen Navigation Methoden, den Kompaß zu kontrollieren. Diese Kontrolle kann auch an astronomischen Objekten, das heißt mit Hilfe der Gestirne geschehen.

Die Ablenkung des Kompasses wird bestimmt durch Vergleich der Kompaßpeilung mit einer richtigen Peilung. Terrestrisch entnimmt man die „richtige" Peilung aus der Seekarte oder führt eine Deckpeilung aus. Auf See können die Gestirne als feste Marken benutzt werden.

Das heißt: Peilt man ein Gestirn am Kompaß, so ist diese Kompaßpeilung mit der „richtigen", dem Azimut des Gestirns für den Augenblick der Peilung, zu vergleichen. Der Unterschied ist die Fehlweisung, die Summe von Ablenkung und Ortsmißweisung. Zieht man von dieser Fehlweisung die Ortsmißweisung, die man aus der Seekarte kennt, ab, so bleibt die gesuchte Ablenkung für den bei der Peilung anliegenden Kurs nach.

Im Augenblick der Peilung muß die Uhrzeit – auf Minuten genau genügt – abgelesen werden. Wie aus Zeit, Loggebreite und Abweichung des Gestirns das Azimut aus der ABC-Tafel entnommen werden kann, haben wir auf Seite 101 gelernt.

Um eine gute Peilung am Kompaß zu erhalten, wählt man Gestirne kleiner Höhe aus.

An einem Beispiel sei das Verfahren ausführlich durchgeführt.

Am 5. April 1973 peilt man auf 54° 2′ N 7° 32′ O zur B-UZt $6^h 32^m$ die Sonne am Kompaß in 97°.

Stand der B-Uhr	$= -2^m$
Ortsmißweisung	$= -4°$
Kompaßkurs	$= 330°$

Wie groß war die Ablenkung des Kompasses auf dem Kurs 330°? Man bestimmt zunächst das Azimut der Sonne im Augenblick der Beobachtung:

$$\begin{array}{lll} \text{B-UZt} & = & 6^h\,32^m \\ \text{Stand} & = & -\quad 2^m \\ \hline \text{MGZ} & = & 6^h\,30^m \qquad \text{den 5. 4. 73} \end{array}$$

Für diese MGZ liefert das Jahrbuch:

$$\begin{array}{lll} 6^h \odot t_{Gr} & = & 269°\ 17,7' \\ \text{Zuwachs} & = & \quad 7°\ 30,0' \\ \hline 6^h\,30^m \odot t_{Gr} & = & 276°\ 47,7' \\ \lambda \text{ in Zeit} & = & \quad 7°\ 32,0'\ \text{Ost} \\ \hline \odot t & = & 284°\ 19,7' \\ \odot t_\delta & = & \ 75°\ 40,3' \\ \\ 6^h \odot \delta & = & \quad 6°\ \ 2,0'\ N \qquad \text{(Unt. 0,9)} \\ \text{Verb} & = & + \quad\quad 0,5' \\ \hline \odot \delta & = & \quad 6°\ \ 2,5'\ N \\ \sim & & \quad 6°\ N \end{array}$$

Mit diesen Werten liefert die ABC-Tafel:

$$\begin{array}{lll} A & = & -\ 0,36 \\ B & = & +\ 0,11 \\ \hline C & = & -\ 0,25 \\ Az & = & S\ 82°\ O \qquad Az = 98° \end{array}$$

Nun zur Bestimmung der Ablenkung unseres Kompasses:

$$\begin{array}{lll} Az & = & 98° \\ \text{Komp.-Peilung} & = & 97° \\ \hline \text{Fehlweisung} & = & +\quad 1° \\ \text{Ortsmißweisung} & = & (\overset{+}{-})\quad 4° \\ \hline \text{Ablenkung} & = & +\quad 5° \end{array}$$

abzuziehen:

Der Kompaß hat also auf dem Kompaßkurs 330° eine Ablenkung (Deviation) von + 5°.

● Übungsaufgaben

1. Am 19. 4. 73 gegen $9^h 45^m$ beobachtet man auf 30° 2′ N 45° 1′ W B-UZt = $12^h 45^m 22^s$, Komp.-Peilung Sonne = 161°, Stand = + $1^m 18^s$, Mißw. = − 21°, Kurs am Kompaß = 255°. Es sind Fehlweisung und Ablenkung des Kompasses auf dem anliegenden Kurs zu bestimmen.

2. Am 25. 5. 73 gegen 5^h auf 20° 30′ N 61° 45′ O beobachtet man B-UZt = $0^h 28^m$, Komp.-Peilung Nordstern = 358°, Mißw. = 0°, Komp.-Kurs = 110°, Stand = − 4^m. Wie groß sind Fehlweisung und Ablenkung des Kompasses für den anliegenden Kurs?

Azimut beim wahren Auf- und Untergang

Die Ablesung der Beobachtungsuhr für die Azimutbestimmung erübrigt sich, wenn man das Gestirn gerade in dem Augenblick peilt, in dem es im wahren Horizont steht. Denn dieser Zeitpunkt ist bekannt bzw. kann berechnet und in Tafeln erfaßt werden.

Die Formel zur Berechnung des Azimuts und damit die Tafel zur Bestimmung des Azimuts bei der Peilung des Gestirns im wahren Auf- oder Untergang vereinfachen sich stark, weil eine Seite, nämlich z = 90°-h, des Grunddreiecks gleich 90° wird.

Setzen wir wieder die Kosinusregel an:

Zur Berechnung des Azimuts beginne ich mit p.

$$\cos p = \cos z \cdot \cos b + \sin z \cdot \sin b \cdot \cos Az$$

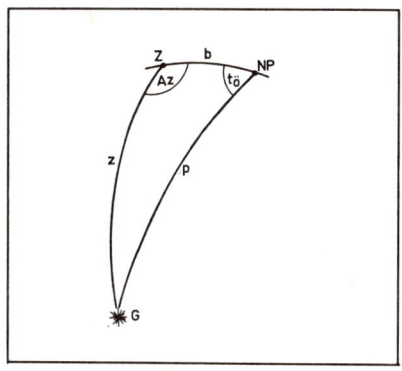

Abb. 107 Grunddreieck

Da h = 0, also z = 90° ist, wird cos z = cos 90° = 0 und sin z = sin 90° = 1.
Der erste Summand rechts wird = 0.
Damit lautet die Gleichung:

$$\cos p = \sin b \cdot \cos Az$$

$$\cos Az = \frac{\cos p}{\sin b} = \frac{\sin \delta}{\cos \varphi} = \sin \delta \cdot \sec \varphi$$

Nach dieser Formel ist die Tafel 34 berechnet. Die Mathematiker sollten noch einmal etwas „zu fressen" haben. Die anderen begnügen sich gefahrlos mit dem Ergebnis und der Tafel.
Wenden wir sie einmal praktisch an:
Beispiel 1:
Es sei:
$$\varphi = 45° \text{ N}$$
$$\delta = 19° \text{ N}$$

Wie groß ist das Azimut beim wahren Aufgang?
Die Tafel liefert die Zahl 62,6.
Das ist ausreichend genau = 63°. Aber dieser Zahl fehlen noch Vor- und Nachname.
Natürlich ist das Azimut beim *Auf*gang östlich. Nach der Vorzeichenregel der Tafel 34 in den Erläuterungen vorne im Tafelwerk – wir können das auch an der Formel bestätigen – zählt das Azimut von dem mit der Abweichung gleichnamigen Pol.
In unserem Falle ist die Abweichung nördlich, also zählt auch das Azimut von N.
Das Azimut beim wahren Aufgang ist demnach:

$$\text{N } 63° \text{ O}$$

Beispiel 2:
Wie groß ist das Azimut eines Gestirns mit $\delta = 10°$ S auf 32° N-Breite beim Untergang?
Nach Tafel 34 ist das Azimut:

$$Az = 78°$$

Da δ südlich ist und die Beobachtung beim Untergang gemacht wurde, ist:

$$Az = \text{S } 78° \text{ W}$$

Das ist aber, noch einmal sei es ausdrücklich gesagt, das Azimut, wenn das Gestirn mit seinem Mittelpunkt im *wahren* Horizont steht.

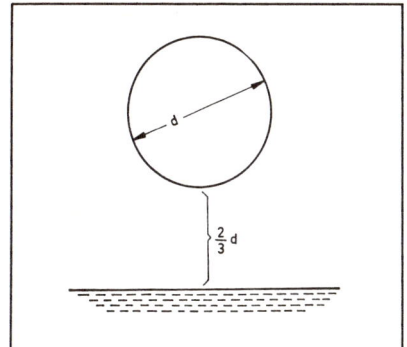

*Abb. 108 Sonne im Augenblick
des Durchganges
des Mittelpunktes durch den
wahren Horizont*

Beobachten wir die Sonne, dann steht aber für den Beobachter der Sonnen-Unterrand noch 20′, also ²/₃ Sonnendurchmesser über der Kimm, wie es Abb. 108 zeigt.

Ein kleiner Hund könnte drunter durchlaufen, wie man scherzhaft sagt.

Diese Zahl 20′ können wir leicht bestätigen, wenn wir diesen Kimmabstand des Sonnen-Unterrandes mit den uns bereits bekannten Einzelwerten zur wahren Mittelpunktshöhe beschicken. Nehmen wir eine Augeshöhe von 5 m an:

	$\odot$	=	0°	20,0′
nach Tafel 26:	Kimmtiefe für Ah = 5 m	= −		4,0′
nach Tafel 24:	Refraktion für h_s = 16′	= −		32,0′
	Verschub	= +		0,1′
	Sonnen-Halbmesser	= +		16,0′
	wahre Mittelpunktshöhe h	=	0°	0′

Der Mond kann für dieses Verfahren nicht benutzt werden, da er im Augenblick der wahren Mittelpunktshöhe Null noch unter der Kimm steht. Man rechne es nach. Der Verschub ist größer als die Refraktion.

Für die Tafel 34 brauche ich die Abweichung nicht sehr genau zu kennen, da das Azimut für die Kompaßkontrolle höchstens auf ein halbes Grad genau benötigt wird. Wir brauchen also bei der Peilung die Uhr nicht abzulesen, sondern entnehmen das δ einfach für die Zeit 6ʰ bzw. 18ʰ.

Wenn die Sonne, wie es in hohen Breiten der Fall ist, nur sehr langsam steigt, ist der beschriebene Moment des wahren Auf- bzw. Unterganges nur schwer eindeutig zu bestimmen, die Peilung ist für die Kompaßkontrolle nicht zu gebrauchen.

Ganz anders z. B. am Äquator. Da steigt die Sonne senkrecht aus dem Meer empor; wir peilen richtig, auch wenn schon ein *großer* Hund unter der Sonne hindurchlaufen kann (Abb. 109).

Man nennt dieses Verfahren der Ablenkungsbestimmung auch *Amplitude*. Unter Amplitude versteht man in der Astronomie den Winkel am Zenit zwischen dem Vertikalkreis des Gestirns und dem Ersten Vertikal.

● Übungsaufgabe

Am 31. 12. 73 auf 61° 0′ N 20° 2′ O peilt man die Sonne beim wahren Untergang am Kompaß in 204°, während 345° anliegen. Die Mißweisung beträgt 1° O.

Wie groß ist die Ablenkung des Kompasses auf dem anliegenden Kurs?

Zeitpunkt des wahren Sonnenauf- und Unterganges

Wann Auf- oder Untergang der Sonne stattfindet, kann man auch genau bestimmen. Wer noch Lust zur Erprobung seiner mathematischen Fertigkeiten hat, verfolge die Ableitung der Formel, nach der die Tafel 33, die wir benutzen wollen, berechnet ist.

Gesucht wird der Stundenwinkel, bekannt sind Breite und Abweichung des Gestirns und seine Höhe. Diese ist in unserem Falle = 0.

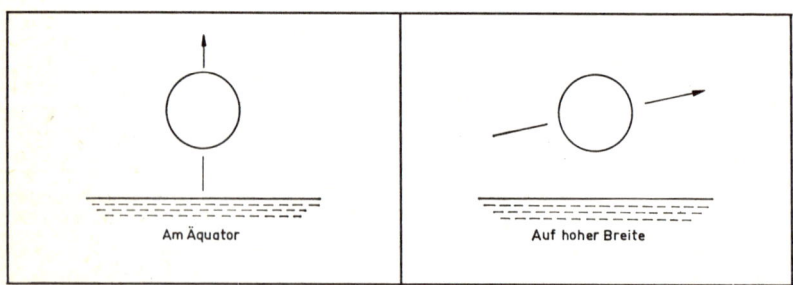

Abb. 109   Aufgang der Sonne auf niedriger und hoher Breite

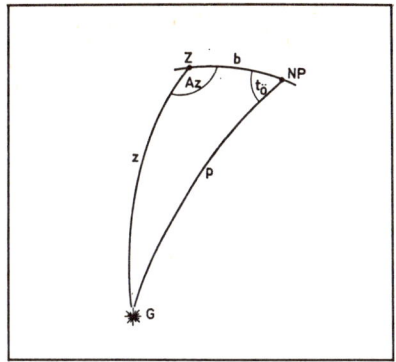

Abb. 110

Wenden wir die Kosinusformel der sphärischen Trigonometrie (Seite 93) zur Berechnung von t an, so erhalten wir:

$$\cos z = \cos b \cdot \cos p + \sin b \cdot \sin p \cdot \cos t$$

oder:

$$\sin h = \sin \varphi \cdot \sin \delta + \cos \varphi \cdot \cos \delta \cdot \cos t$$

h = 0 bedeutet: sin h = 0.

Dann ist:

$$0 = \sin \varphi \cdot \sin \delta + \cos \varphi \cdot \cos \delta \cdot \cos t$$

oder:

$$\cos \varphi \cdot \cos \delta \cdot \cos t = - \sin \varphi \cdot \sin \delta$$

$$\cos t = - \frac{\sin \varphi \cdot \sin \delta}{\cos \varphi \cdot \cos \delta}$$

Da $\dfrac{\sin \alpha}{\cos \alpha} = \tan \alpha$ ist, gilt also folgende Formel:

$$\cos t = - \tan \varphi \cdot \tan \delta$$

Dieses t ist der halbe Tag- bzw. Nachtbogen des Gestirns. So ist auch die Tafel 33 benannt. Aber dieser Wert gibt uns nach den Anweisungen unter der Tafel leicht die MOZ des Auf- oder Unterganges der Sonne.
Es sei z. B. als Tafelwert 7^h 29^m gefunden.
Sind φ und δ gleichnamig, so ist die MOZ des Aufgangs der Sonne:

$$MOZ = T - \text{Tafelwert}$$

T, die MOZ der oberen Kulmination der Sonne, finden wir im Nautischen Jahrbuch. Fand die Beobachtung z. B. am 16. 5. 73 statt, ist T = $11^h 56^m$. Dann ist

T	=	$11^h 56^m$
Tafelwert $^1/_2$ Tagbogen	=	$7^h 29^m$
MOZ des wahren Aufganges	=	$4^h 27^m$

Die MOZ des *Unter*ganges ist T + Tafelwert, also

MOZ des wahren Unterganges = $19^h 25^m$

Sind φ und δ ungleichnamig, so erhält man die MOZ des Auf- bzw. Unterganges der Sonne, indem man (12^h-Tafelwert) an T anbringt.

Ist zum Beispiel auf Nordbreite die Sonne bei südlicher Abweichung, also im Winter, beobachtet, liegt die Aufgangszeit spät. Tafel 33 liefert Werte, die größer als 6^h sind. Beispielsweise sei der Tafelwert $7^h 12^m$, T = $11^h 44^m$. Dann ist

MOZ des Aufganges der Sonne
$$= 11^h 44^m - (12^h - 7^h 12^m)$$
$$= 11^h 44^m - 4^h 48^m$$
$$= \ \ 6^h 56^m$$

MOZ des Unterganges der Sonne
$$= 11^h 44^m + 4^h 48^m$$
$$= 16^h 32^m$$

Zeitpunkt des sichtbaren Sonnenauf- und Unterganges

Will man allerdings wissen, wann die Sonne im üblichen Sprachgebrauch „aufgeht", das heißt mit dem Oberrand an der Kimm auftaucht, so muß man die eben gefundenen Zeiten noch um einen Betrag modifizieren, der von φ, δ und unter anderem der Augeshöhe abhängt. Man entnimmt diesen Betrag der Tafel 36: Unterschied des sichtbaren Auf- und Unterganges der Sonne gegen den wahren für eine Augeshöhe von 8 m.

Der Augenblick des sichtbaren Aufganges liegt früher als der des wahren, der Wert aus Tafel 36 muß also von der Zeit des wahren Aufganges, die wir eben bestimmten, subtrahiert werden.

Entsprechend muß der Tafelwert zur Zeit des wahren Unterganges addiert werden.

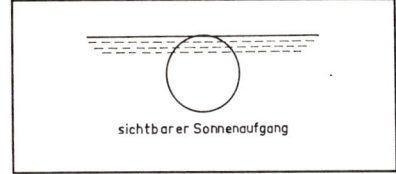

sichtbarer Sonnenaufgang

Abb. 111

Beispiel:
Es ist $\varphi = 50° N$, $\delta = 19° N$, $T = 11^h 50^m$, Ah = 8 m. Als Tafelwert aus Tafel 33 finden wir: $7^h 37^m$.

Dann ist

MOZ des wahren Aufgangs der Sonne	=	$11^h 50^m - 7^h 37^m$
	=	$4^h 13^m$
nach Tafel 36 muß subtrahiert werden	=	7^m
MOZ des sichtbaren Aufgangs der Sonne	=	$4^h 6^m$

ASTRONOMISCHE UHRENKONTROLLE

Die Formel zur Berechnung des Stundenwinkels aus h, φ und δ gestattet auch eine astronomische Kontrolle unseres Zeitmessers, das heißt eine Bestimmung des Standes, wenn die Länge genau bekannt ist. Bringe ich am berechneten Stundenwinkel das λ des Beobachtungsortes an, so erhalte ich den Greenwicher Stundenwinkel t_{Gr}. Zu diesem t_{Gr} finde ich im Jahrbuch die MGZ des Beobachtungszeitpunktes. Ein Vergleich mit der UZt meiner Beobachtungsuhr ergibt den Stand.
Diese Standbestimmung wird sehr gut sein, wenn ich sehr genau beobachte und meinen Schiffsort (Landsicht, Hafen) genau kenne.
Diese Art der Standbestimmung ist heute überflüssig, da wir täglich Zeitsignale empfangen.

Anhang

Wie erwerbe ich den Führerschein C für Seefahrt des Deutschen Segler-Verbandes?

Der Führerschein C für Seefahrt umfaßt alle Gewässer. Prüfungen für den Erwerb dieses Führerscheins werden von Prüfungsausschüssen bzw. -kommissionen abgehalten, die vom Deutschen Segler-Verband eingesetzt werden.

Für die Zulassung zur Prüfung müssen folgende Bedingungen erfüllt sein:
1. Mindestalter: Die Erteilung des Führerscheins C setzt das vollendete 21. Lebensjahr voraus.
2. Tauglichkeit: Ausreichende Sehschärfe sowie ausreichendes Farbunterscheidungs- und Hörvermögen sind durch ein ärztliches Zeugnis (Vordruck) nachzuweisen.

Die Sehschärfe gilt als ausreichend, wenn sie mit oder ohne Augengläser auf einem Auge mindestens 0,7 und auf dem anderen 0,5 beträgt. Die addierte Sehschärfe beider Augen muß jedoch ohne Augengläser mindestens 0,15 ergeben, und es muß auf dem schlechteren Auge ausreichendes Orientierungsvermögen vorhanden sein.
Das Hörvermögen ist ausreichend, wenn Sprache gewöhnlicher Lautstärke in 3 m Entfernung mit jedem Ohr einzeln verstanden wird und in 5 m mit beiden Ohren zugleich.
3. Kenntnisse in Erster Hilfe.
4. Erfahrungsnachweis: Der Bewerber muß nachweisen, daß er nach Erteilung des BK-Scheins weitere 2000 sm außerhalb des Bereichs der Binnenfahrt gesegelt ist. Er muß den BK-Schein mehrjährig besitzen und während dieser Zeit auch als Wach- oder Schiffsführer gesegelt sein.
Die Prüfung besteht aus einem schriftlichen und mündlichen sowie aus einem praktischen Teil. Prüfungsfächer sind Seemannschaft, Navigation, Rechtskunde (einschließlich Umweltschutz-Bestimmungen, Waffen- und Sprengstoffrecht) und Wetterkunde.

Teilprüfungen sind zulässig, sobald der Bewerber den vorangegangenen Führerschein des DSV mehrjährig besitzt.

Was im einzelnen geprüft wird, geht aus der *Führerscheinvorschrift* hervor, die beim Deutschen Segler-Verband in Hamburg erhältlich ist.

Wie mache ich die Sporthochseeschiffer-Prüfung?

In der „Bekanntmachung über die Einführung von Sportsegler-Prüfungen an den Seefahrtschulen" heißt es:

„Die Sicherheit der Seefahrt kann durch Sportfahrzeuge gefährdet werden, wenn ihre Führer weder die erforderlichen nautischen oder seemännischen Kenntnisse und Erfahrungen besitzen noch mit den für das Fahrwasser geltenden gesetzlichen und Verwaltungsvorschriften genügend vertraut sind. Um dieser Gefährdung abzuhelfen und gleichzeitig für die Wassersportausübenden einen Anreiz zu schaffen, sich bis zu einem gewissen Grade theoretische und praktische Kenntnisse auf dem Gebiete der Schiffsführung, Seemannschaft und Gesetzeskunde zu erwerben und ihre sportliche Ertüchtigung dadurch zu fördern, wird hiermit an den deutschen Seefahrtschulen für sie die Möglichkeit geschaffen, ihre Eignung zum *Sportseeschiffer* und *Sporthochseeschiffer* durch zwei besondere Prüfungen nachzuweisen und über das Ergebnis der Prüfung ein Prüfungszeugnis zu erhalten."

Die Vorschriften über die Sporthochseeschiffer-Prüfung seien kurz zusammengestellt.

Die Anmeldung zu dieser Prüfung ist an den Leiter einer der Fachhochschulen für Nautik zu richten unter Beifügung der notwendigen Papiere. Prüfungen werden nach Bedarf angesetzt und kosten z. Zt. 120 DM.

Wer die Sporthochseeschiffer-Prüfung ablegen will, hat nachzuweisen,

1. daß er das 21. Lebensjahr vollendet hat (Geburtsurkunde),
2. daß er einen Führerschein, mindestens für Binnenfahrt, oder den Amtlichen Sportbootführerschein besitzt,
3. daß er auf Sportfahrzeugen mindestens 300 sm auf See in verantwortlicher Position zurückgelegt hat (Vorlage des Logbuches oder einer anderen glaubhaften Bescheinigung),
4. daß für ihn ein ärztliches Zeugnis nach dem Muster der Sportbootführerschein-Verordnung ausgestellt wurde.

Lehrgänge zur Vorbereitung auf diese Prüfung finden an den nautischen Fachhochschulen statt. Die Leiter können aber auch geeignete Ausbilder nennen.

Prüfungsfächer sind Nautik, Seemannschaft und Gesetzeskunde.

Prüfungsgegenstände der Sporthochseeschiffer-Prüfung in diesen Fächern:

1. Nautik und Wetterkunde

Übung im Gebrauch der Seekarte mit besonderer Berücksichtigung der Sportseeschiffahrt. Kenntnis der Betonnung und Befeuerung. Kenntnis des Kompasses und seiner Verwendung, Ablenkung, Mißweisung und Steuertafel. Bestimmung der Ablenkung nach terrestrischen Beobachtungen. Gebrauch der Steuertafeln und Ablenkungsdiagramme.

Verwandlung der Kurse. Bestimmung des Schiffsortes nach terrestrischen Standlinien. Bestimmung der Zeit des Hoch- und Niedrigwassers nach Gezeitentafeln. Lotungsbeschickung, Gezeitenströme. Bestimmung der Wassertiefe und der Fahrt des Schiffes nach den bei den Sportseeschiffern üblichen Methoden. Aneroidbarometer, Thermometer, Wetterkarte, Sturmwarnungen.

Zu diesen schon in der Sportseeschiffer-Prüfung geforderten Kenntnissen kommen hinzu:

Besteckrechnung, astronomische Vorkenntnisse, astronomische Standlinien nach der Höhenmethode, Ort aus zwei Höhen ohne und mit Zwischensegelung, Meridianbreiten nach Beobachtungen der Sonne und der anderen Gestirne, Nordsternbreite, astronomische Kompaßkontrolle.

Der Sextant und seine hauptsächlichen Fehler. Übung im Beobachten. Die Beobachtungsuhr und ihre Behandlung. Bestimmung von Stand und Gang nach Zeitsignalen.

Funknavigation. Art und Ausbreitung der elektromagnetischen Wellen. Funkfehlweisung. Gebrauch von Funkbeschickungstafeln und -diagrammen. Auswertung von Eigen- und Fremdpeilungen. Das Consolverfahren.

Wind und Wetter in Nord- und Ostsee. Grundgrößen und Gesetze des Wettergeschehens. Verstehen und Auswerten von Wetterinformationen.

In einer schriftlichen Prüfung erhält der Prüfling

1. eine Kartenaufgabe mit astronomischer Standlinie und Funkstandlinie,
2. einen Ort aus zwei Höhen ohne oder mit Versegelung und mit zeichnerischer Endlösung,

3. eine Meridianbreite (Sonne oder anderes Gestirn) oder Nordsternbreite,
4. eine Kompaßaufgabe (Zeitazimut, Amplitude oder Fragen über Einrichtung und Aufstellung des Kompasses),
5. eine weitere Aufgabe aus der Nautik (meist Gezeitenaufgabe).
In einer praktischen Prüfung muß die sichere Handhabung der nautischen
und meteorologischen Instrumente nachgewiesen werden, die an Bord einer über See fahrenden Yacht vorhanden sind, wie Kompaß, Log, Sextant.
Insbesondere müssen Fehlerbestimmungen und Messungen mit dem Sextanten durchgeführt werden.
Außerdem wird mündlich über die obengenannten Prüfungsgegenstände
geprüft.

2. Seemannschaft

In diesem Fache wird nur mündlich geprüft über: Yachttypen, Takelung,
bauliche Einrichtung und Instandhaltung der Yachten, Schiffsrisse,
Schiffsmanöver, Setzen und Bergen der Segel, Manövrieren der Yachten,
Ankern, Schleppen und Geschlepptwerden, Sicherheits- und Rettungs-
wesen, Verhalten bei Unfällen, Notsignale.
Bei diesen Themen werden die Bedürfnisse des Sporthochseeschiffers
besonders berücksichtigt.

3. Gesetzeskunde

Prüfungsgegenstand sind: Seestraßenordnung, Seeschiffahrtstraßen-
Ordnung. Verhalten nach einem Zusammenstoß. Seeamt und Seemanns-
amt. Schiffszertifikat und Schiffsmeßbrief. Das Wichtigste über Schiffs-
papiere, Havarie, Strandungsordnung, Berge- und Hilfslohn, Zollabferti-
gung.
In einer schriftlichen Prüfung wird je eine Aufgabe gestellt über
1. die Vorschriften der Seeschiffahrtstraßen-Ordnung,
2. das Ausweichen der Schiffe nach der Seestraßenordnung,
3. die übrigen Vorschriften der Seestraßenordnung.
Für die Bearbeitung der Aufgaben aus der Nautik und Gesetzeskunde stehen zusammen fünf Stunden zur Verfügung.
Außerdem werden die genannten Prüfungsgegenstände mündlich geprüft.

Lösungen der Übungsaufgaben

Seite 29
r = 15,9′

Seite 32

Wega	Gb = − 4,4′	h = 35° 47,6′
Nordstern	Gb = − 3,9′	h = 72° 6,1′
Arcturus	Gb = − 14,3′	h = 3° 56,2′

Seite 33

Mars	Gb = − 7,7′	h = 23° 44,3′
Venus	Gb = − 5,6′	h = 15° 9,4′

Seite 34
Sonnen-Unterrand

1.	Gb = + 10,9′	h = 33° 24,9′
2.	Gb = + 10,2′	h = 54° 14,7′
3.	Gb = + 7,0′	h = 10° 14,5′
4.	Gb = + 11,9′	h = 44° 18,4′

Sonnen-Oberrand

1.	Gb = − 22,5′	h = 40° 53,5′
2.	Gb = − 22,3′	h = 14° 47,7′

Seite 36
Mond-Unterrand

1.	Gb = + 45,9′	h = 51° 35,9′
2.	Gb = + 57,7′	h = 34° 12,7′
3.	Gb = + 58,6′	h = 39° 8,6′
4.	Gb = + 60,4′	h = 17° 15,4′

Mond-Oberrand

1.	Gb = + 18,1′	h = 45° 28,1′
2.	Gb = + 26,4′	h = 37° 35,4′
3.	Gb = − 3,3′	h = 73° 11,7′

Seite 59
1. Wega (69) $\beta = 80° 59,2'$ $\delta = 38° 45,2'$ N
2. Spika (49) $\beta = 159° 2,7'$ $\delta = 11° 1,6'$ S

Seite 60
1. $t_{Gr} = 121° 22,1'$ $\delta = 22° 57,8'$ S
2. $t_{Gr} = 179° 35,3'$ $\delta = 7° 43,3'$ S
3. $t_{Gr} = 93° 24,0'$ $\delta = 6° 47,3'$ S

Seite 60
Mond $t_{Gr} = 95° 22,1'$ $\delta = 20° 7,2'$ N

Seite 61
Saturn $t_{Gr} = 257° 30,0'$ $\delta = 20° 58,7'$ S

Seite 62
1. $t = 123° 12,0'$
2. $t = 214° 21,5'$

Seite 63
1. $t_w = 55° 16'$
2. $t_ö = 9° 50'$

Seite 73
1. $MGZ = 13^h 41^m$
2. $MGZ` = 1^h 11^m 20^s$

Seite 73
1. $MOZ = 8^h 7^m$
2. $MOZ = 21^h 28^m$

Seite 91
1. ZZ d.o.K. $= 12^h 28^m$
2. ZZ d.o.K. $= 14^h 56^m$ MGZ d.o.K. $= 16^h 56^m$
3. ZZ d.o.K. $= 14^h 24^m$

Seite 82
1. ZZ d.u.K. $= 0^h 10^m$ den 2. 7. 73
2. MOZ d.u.K. $= 3^h 04^m$ den 9. 11. 73   MGZ $= 7^h 48^m$

Seite 92

lg sin	35°	=	9,75859
lg sin	60° 30′	=	9,93970
lg cos	45° 17′	=	9,84733
lg cot	55° 16′	=	9,84092
lg cosec	47° 11′	=	0,13458
lg sec	7° 1′	=	0,00326
lg tan	80° 6,5′	=	9,75851
lg sin	4° 56,3′	=	8,93492
lg cot	65° 11,6′	=	9,66483

Seite 92

lg cos	15° 6′	=	9,98474
lg sem	44° 19′	=	9,15307
lg cos	55° 47,5′	=	9,74989
lg sem	144° 25′	=	9,95743
lg sem	106° 47′	=	9,80914
sem	11° 15′	=	0,00961
sem	54° 13,3′	=	0,20768

Seite 99

1.	$t_ö$ = 15° 59,4′		h = 64° 31′
2.	t_w = 45° 52,0′		h = 33° 38,6′
3.	t_w = 20° 14′		h = 49° 6′
4.	$t_ö$ = 41° 51,4′		h = 17° 20′
5.	$t_ö$ = 76° 18,1′		h = 16° 20,1′
6.	$t_ö$ = 10° 55,5′		h = 58° 38′

Seite 103

1.	C = − 1,26	Az = 141°
2.	C = − 0,89	Az = 301°
3.	C = − 1,87	Az = 211,5°
4.	C = − 1,61	Az = 138°
5.	C = + 0,17	Az = 80,5°
6.	C = − 3,09	Az = 21,5°

Seite 107
1.   1 = 30,6′
2.   1 = 220′   a = 153 sm

Seite 111
1. φ = 40° 57′ N λ = 28° 43′ W
2. φ = 56° 18′ N λ = 6° 35′ O
3.   b = 66,3′ S   a = 28,1 sm φ_m = 47° 38′
     l = 41,7′ W φ = 47° 4,7′ N λ = 9° 28,7′ W
4.   Kurs 180°   Distanz 348 sm
5.   l = 502′   a = 410 sm   Kurs 270°   Distanz 410 sm
6.   l = 398′ W   a = 312 sm   Kurs 239°   Distanz 363 sm

Seite 123
1. $t_ö$ = 42° 28,1′ Δ h = + 0,4′   Az = 137°
2. $t_ö$ = 23° 43,5′ Δ h = + 5,0′   Az = 146,5°

Seite 130
1. Δh_1 = − 4′ Δh_2 = − 2′ φ = 56° 58′ N
     λ = 4° 4,5′ O   BV = 185° 4 sm
2. Δh_1 = + 6′ Δh_2 = − 9′ φ = 54° 44,5′ N
     λ = 4° 48′ O   BV = 330° 11 sm
3. Λh_1 = 0′ Δh_2 = − 5′ φ = 53° 10′ N
     λ = 3° 20,5′ O   BV = 90° 6 sm
4. Δh_1 = − 0,5′ Δh_2 = + 8′ φ = 55° 2′ N
     λ = 6° 55′ O   BV = 283° 8 sm

Seite 135
1.   1. Beobachtung:
     $t_ö$ = 34° 7,9′ Δ h = − 7,5′   Az = 81°
     2. Beobachtung:
     t_w = 0° 54,2′ Δ h = − 11,0′   Az = 359,0°
     Schiffsort:
     φ = 35° 42,0′ S λ = 25° 0,9′ O   BV = 213° 11,9 sm

Seite 136

2. 1. Beobachtung:
    $t_w = 35°\ 27{,}4'$ $\Delta h = -\ 0{,}7'$ Az = 214°
    2. Beobachtung:
    $t_ö = 26°\ 54{,}3'$ $\Delta h = -\ 2{,}2'$ Az = 102°
    Schiffsort:
    $\varphi = 38°\ 13{,}7'\ N$ $\lambda = 9°\ 42{,}7'\ W$ BV = 322° 2 sm

3. 1. Beobachtung:
    $t_w = 63°\ \ 7{,}3'$ $\Delta h = +\ 2{,}5'$ Az = 246°
    2. Beobachtung:
    $t_ö = 26°\ 20{,}7'$ $\Delta h = -\ 3{,}7'$ Az = 152°
    Schiffsort:
    $\varphi = 36°\ 25{,}2'\ N$ $\lambda = 34°\ 10{,}7'\ W$ BV = 300° 4,4 sm

Seite 141

1. 1. Beobachtung:
    $t_ö = 51°\ 45{,}1'$ $\Delta h = +\ 6{,}7'$ Az = 106°
    2. Beobachtung:
    $t_ö = 4°\ 15{,}1'$ $\Delta h = -\ 3{,}7'$ Az = 171°
    Schiffsort:
    $\varphi = 44°\ 51{,}2'\ N$ $\lambda = 8°\ 4{,}2'\ W$ BV = 58° 10 sm

2. 1. Beobachtung:
    $t_w = 62°\ 10{,}4'$ $\Delta h = -\ 1{,}8'$ Az = 251°
    2. Beobachtung:
    $t_ö = 28°\ \ 2{,}8'$ $\Delta h = +\ 4{,}4'$ Az = 138,5°
    Schiffsort:
    $\varphi = 46°\ 29'\ N$ $\lambda = 3°\ 43{,}5'\ W$ BV = 137° 4,3 sm

3. 1. Beobachtung:
    $t_ö = 33°\ 14{,}8'$ $\Delta h = -\ 2{,}3'$ Az = 139°
    2. Beobachtung:
    $t_w = 61°\ 25{,}8'$ $\Delta h = +\ 1{,}6'$ Az = 257°
    Schiffsort:
    $\varphi = 59°\ \ 5{,}7'\ N$ $\lambda = 0°\ 8{,}9'\ O$ BV = 305° 2,4 sm

Seite 162

1. $MGZ = 10^h\,24^m$ den 21. 10. 73 $ZZ = 11^h\,24^m$
   $\varphi_{astr} = 59°\,35,7'$ N $\Delta\,\varphi = 3,7'$ N
2. $MGZ = 15^h\,23^m$ den 7. 6. 73 $ZZ = 12^h\,23^m$
   $\varphi_{astr} = 12°\,44,0'$ N $\Delta\,\varphi = 6,0'$ S
3. $MGZ = 14^h\,27^m$ den 22. 11. 73 $ZZ = 15^h\,27^m$
   $\varphi_{astr} = 58°\,13,9'$ N $\Delta\,\varphi = 4,9'$ N

Seite 164

1. $\odot_r = 54°\,40,7'$ N $ZZ = 11^h\,49^m$ $MGZ = 12^h\,49^m$
   den 9. 8. 73
2. $ZZ = 12^h\,10^m$ $MGZ = 15^h\,10^m$
   Loggeort $ZZ = 12^h$: $\varphi = 28°\,29,6'$ N $\lambda = 47°\,29,6'$ W
   Loggeort bei Kulm.: $\varphi = 28°\,39,0'$ N $\lambda = 48°\,19,8'$ W
   $\odot_r = 81°\,26,3'$ $\varphi_{\mathrm{12}^h} = 28°\,34,7'$ N
   $\Delta\,\varphi = 3,9'$ S

Seite 177

1. $Az = 143°$ $Fw = -\,18°$ $\delta = +\,3°$
2. $Az = 1°$ $Fw = +\,3°$ $\delta = +\,3°$

Seite 180

$Az = 216°$ $Fw = +\,12°$ $\delta = +\,11°$

Alphabetisches Sachverzeichnis

Abkürzungen

a	Abweitung
Ah	Augeshöhe
Az	Azimut
BV	Besteckversetzung
β	Sternwinkel
δ	Abweichung des Gestirns
Fw	Fehlweisung des Kompasses
Gb	Gesamtbeschickung des Kimmabstandes
t_{Gr}	Greenwicher Stundenwinkel
h	wahre Höhe eines Gestirns
h_r	berechnete Höhe
h_b	beobachtete Höhe
HP	Horizontalverschub, Horizontalparallaxe
Ib	Indexberichtigung
λ	geographische Länge
l	Längenunterschied
MEZ	mitteleuropäische Zeit
MGZ	mittlere Greenwich-Zeit
MOZ	mittlere Ortszeit
n	Nadir-Distanz
n_o	Meridian-Nadir-Distanz
p	Poldistanz
φ	geographische Breite
t	Ortsstundenwinkel
τ	Zeitwinkel
$t_ö$	östlicher Stundenwinkel
t_w	westlicher Stundenwinkel
z	Zenitdistanz
z_o	Meridian-Zenit-Distanz
ZU	Zeitunterschied
♀	Venus
♂	Mars
♃	Jupiter
♄	Saturn
♈	Widder

Die **KLEINE YACHT-BÜCHEREI** ist die preiswerte Bibliothek für eingehendes Fachwissen auf vielerlei Spezialgebieten. Diese Bände (Preise vom 1. 1. 82) sind lieferbar:

Die Bibliothek wird laufend erweitert. Fragen Sie bitte Ihren Buchhändler und beachten Sie unsere Ankündigungen.

**Verlag Klasing + Co
Bielefeld**